# Krebbers
## Kölner
# Kneipen

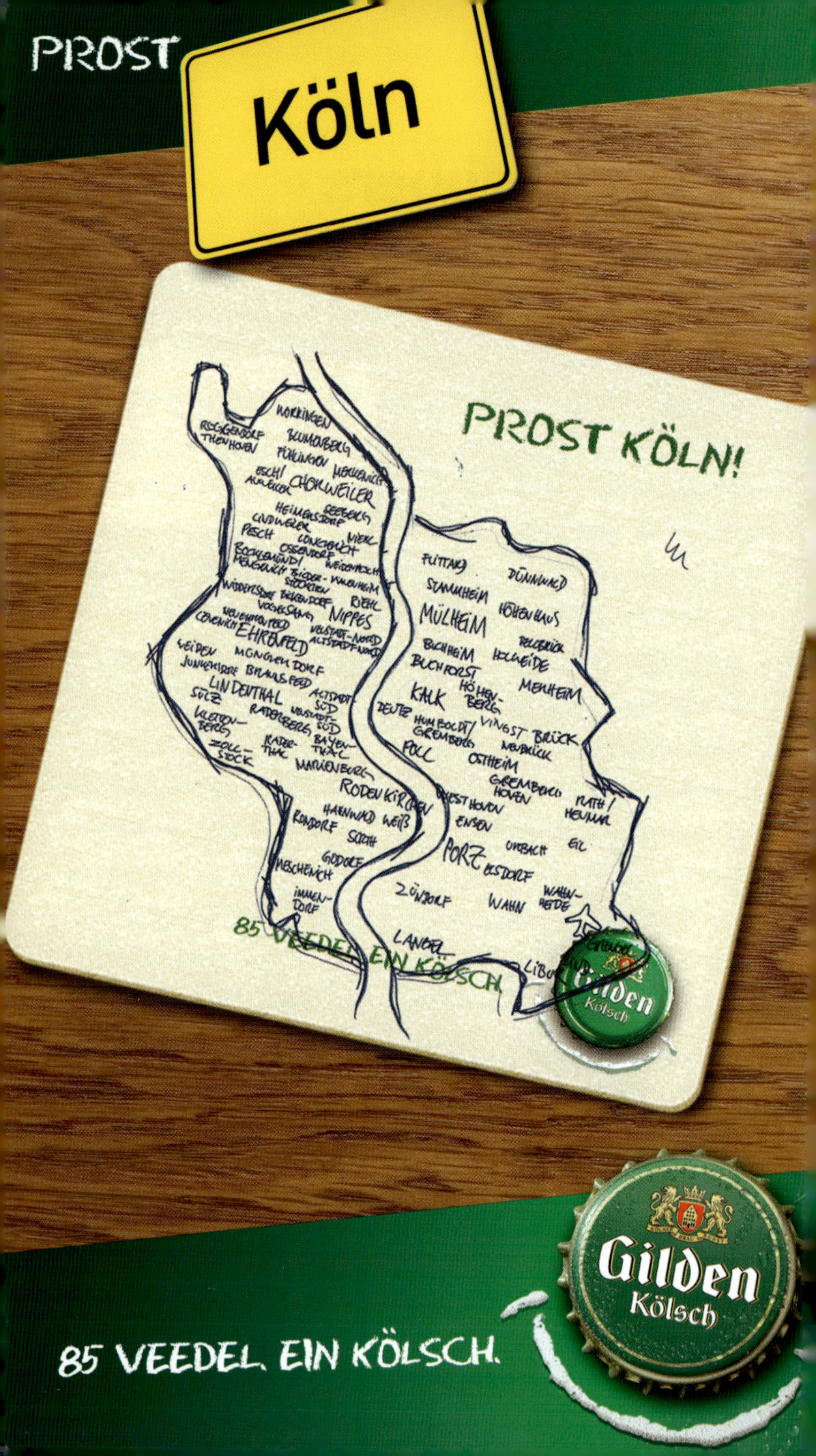
PROST
Köln
PROST KÖLN!
CHORWEILER
NIPPES
EHRENFELD
LINDENTHAL
MÜLHEIM
KALK
PORZ
85 VEEDEL. EIN KÖLSCH.
Gilden
Kölsch
85 VEEDEL. EIN KÖLSCH.

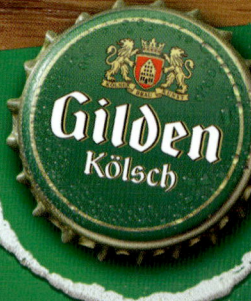

**Gerd Krebber**

# Krebbers Kölner Kneipen

Die 101 besten Lokale aus
der WDR-Kultserie

Bitte beachten Sie, dass einige U-Bahnlinien wegen umfassender Bauarbeiten der KVB ab Oktober 2006 für zehn Monate nicht in vollem Umfang betriebsbereit sind. Informationen zu den neuen Linienführungen erhalten Sie unter der Servicenummer 01803/50 40 30.

Zum Bewertungssystem der Kneipen: Es handelt sich um Gerd Krebbers subjektive Bewertung, dabei werden maximal sieben Punkte vergeben.

*Für Rani*

Bibliografische Information Der Deutschen Bibliothek –
Die Deutsche Bibliothek verzeichnet diese Publikation
in der Deutschen Nationalbibliografie; detaillierte bibliografische
Daten sind im Internet über http://dnb.ddb.de abrufbar.

2. Auflage 2007
© J. P. Bachem Verlag, Köln 2007
Redaktion und Lektorat: Frauke Severit, Köln
Reproduktionen/Gestaltung: Reprowerkstatt Wargalla/
Eva Kraskes, Köln
Karten: Barbara Köhler, Bergheim
Printed in Germany
ISBN 978-3-7616-2033-5

*In der Kneipe*: © WDR, Köln
Agentur: WDR mediagroup licensing GmbH

www.bachem.de

# Inhalt

# Vorwort
# Ihrer Lokalzeit
# aus Köln

Auch wenn es, wie wir alle wissen, zu Hause immer am besten schmeckt, muss ab und zu doch mal ein bisschen Abwechslung sein. Und diese Abwechslung bieten eben oft die Kneipe, das Restaurant oder auch das Weinlokal um die Ecke. Der eine oder andere, es werden immer mehr, ist sogar durchaus bereit, für einen Besuch in seinem Stammlokal wegen einer besonderen Spezialität oder auch des besonders freundlichen Services etwas weiter zu fahren.

Genau diese Spezialitäten, also das Besondere einer Kneipe, hat die Lokalzeit mit ihrem Autor Gerd Krebber versucht, herauszufinden.

Es geht in »Krebbers Kölner Kneipen« nicht um die großartige Gourmetkritik oder um profilierungsneurotische Verrisse. Sterne, Kochmützen oder Ähnliches spielten bei der Auswahl der abendlichen Ausflüge nicht die Spur einer Rolle. Es geht um den »ehrlichen« Kneipenbesuch, denn den gibt es noch weit häufiger, als man allgemein vermutet.

Der Auftrag der Redaktion an den Autor lautete darum ganz schlicht: Gehen Sie dahin, wohin man seine Familie oder seine Freunde mitnehmen kann. Egal, ob zum Türken, Griechen oder Italiener oder in die Kölschkneipe. Die Auswahl war reine Willkür. Mal gab es Tipps aus dem Kollegenkreis, mal öffnete Gerd Krebber einfach eine Tür, an der er ganz zufällig vorbeikam. Zufälligkeiten, die so manch positive Überraschung in die Lokalzeit und damit in dieses Buch transportierten.

Natürlich war bei Krebbers Kneipenbesuch nicht alles perfekt. Nein, die absolut perfekte Kneipe finden Sie in diesem Buch nicht. Aber garantiert die, in der mit sehr viel persönlichem Engagement der Gast bedient, ja manchmal sogar liebevoll bemuttert wird. Die Kneipe also, nach deren Besuch Sie sagen: Schön, dass wir morgen wieder zu Hause essen, aber in diese Kneipe gehen wir bei nächster Gelegenheit gerne wieder, weil es dort einfach nett war.

*Jürgen Kleikamp*, Studioleiter Köln, WDR Fernsehen

# Vorwort

»Su simmer all he hinjekumme …« Der Refrain aus dem Fööss-Lied »Unser Stammbaum« trifft auch auf mich zu, später als die Römer und Ubier und als manche »Eingeborene«, aber ich bin da. Über 30 Jahre in Köln und damit auch Kölner? Ich finde schon, denn ich rede (met Knubbele), trinke (met Doosch) und lebe (met Spass) Kölsch.

Das hat mich der Stadt und den Menschen näher gebracht. Und wo kommt der Kölsche sich regelmäßig besonders nah? – In der Weetschaff op der Eck. Selbst zu Geburtstagsfeiern oder Jubiläen treffen sich die Kölner lieber in einer der fast 3000 Lokalitäten und Gasthäuser der Stadt als ze Huss, denn do simmer ja immer.

Ich habe es ihnen in den vergangenen sechs Jahren immer freitags in der WDR-Sendung Punkt Köln nachgemacht – und allerhand Entdeckenswertes vorgefunden: von tollen Biergärten über typische Brauhäuser, charmante Veedelkneipen, ungewöhnliche Bars und auserwählte Restaurants bis hin zu Imbissen und Cafés der etwas anderen Art.

Ich möchte Ihnen Lust auf Kölner Kneipen und Appetit auf mehr machen, das Besondere vorstellen, aber keinen großen Vergleichskampf führen.

Krebbers Kölner Kneipen, das ist kein Gastrotest, das ist meine persönliche Auswahl, ergänzt durch prima Tipps von vielen Gästen und Zuschauern.

»Ich dunn nix versreche, dat ävver halden ich och.«

Viel Spaß beim Ausprobieren wünscht Ihnen
*Gerd Krebber*

P.S.: Zugeordnet sind die Lokale im Buch in acht Rubriken (s. Inhaltsverzeichnis); viele von ihnen erfüllen jedoch die Kriterien mehrerer Rubriken und sind deshalb in den Serviceangaben zudem mit den entsprechenden Piktogrammen versehen worden.

Zwei kleine Erläuterungen am Rande sollten nicht fehlen: Wenn bei der Getränke-Auswahl Kölsch, Wein oder Cola nicht erwähnt sind, so ist dies kein Versehen, sondern diese Getränken werden in den entsprechenden Lokalen nicht ausgeschenkt. Bitte wundern Sie sich auch nicht, wenn sich die Preise ab 01.01.2007 ändern werden. Auch die Gastronomie wird von der mit ziemlicher Sicherheit kommenden Mehrwertsteuererhöhung nicht verschont bleiben und diese, wenn auch nicht in vollem Umfang, auf die Preise aufschlagen.

# cafecafe

**Für wenig Geld kann man in der Aachener Straße leckeren Kaffee trinken.** Als die Franzosen hier Anfang des 18. Jahrhunderts Richtung porte coque – also Hahnentor – marschierten, haben sie wohl auch zum ersten Mal vom Kölner Kaffee probiert. Mocca faux, falscher Kaffee, Muckefuck nannten sie ihn verächtlich. Aber die Kölner sind ja lernfähig. Sie haben in über 200 Jahren nicht nur eine Kölsch-, sondern auch eine Kaffeekultur entwickelt, und das lässt sich am Beispiel cafecafe zeigen. Hell, farbig, eng, ävver gemödlich: Vom Espresso für 1,50 € bis zum Milchkaffee für 1,90 € – hier kommt der Kaffeefan voll auf seine Kosten. Latte macchiato, Mocca, aber auch Tee und Kakao – alles zu günstigen Preisen.

>> Ich mag den Kaffee sehr gerne und den Tee. <<

Der Renner sind aber die Smoothies: Mixgetränke aus frischen und gefrorenen Früchten als Muntermacher oder Stresskiller – ab 3,- € für das große Glas. Das cafecafe – für viele eine gute Adresse.

>> Leckere Sachen zum fairen Preis. <<

Täglich wechselnde Suppen für 3,- € – z. B. Linsensuppe vegetarisch – oder auch ein Sandwich schon ab 2,50 €. Die Bagels und anderen Brote sind immer frisch gebacken und belegt. Ab 2,- € hat man die Qual der Wahl: eines der Brötchen mit dem Loch oder auch die getoasteten, italienischen Fladenbrote ab 3,80 €.

>> Das Essen ist sehr lecker, besonders die Suppen. <<

Kleine Salate gibt's hier auch und natürlich die leckeren Backwaren – Muffins, Kuchen und die wahrscheinlich besten Croissants von Köln für nur 90 Cent. So lässt sich's leben.

>> Die Mischung aus hervorragendem Design und die Frische der Speisen. Klingt jetzt fast wie ein Werbespruch, aber ist wirklich so. <<

Das cafecafe ist international: In sechs verschiedenen Sprachen werden hier Getränke und Gerichte angeboten. Französisch: Croissant und Eau de Cologne. Italienisch: Latte macchiato und Ciabatta. Deutsch: Kölsch und Suppe. Arabisch: Mocca und Cous-Cous-Salat. Indisch und Italienisch: Chai-Latte. Englisch: Smoothy Boosters – Saft und gefrorenes Obst gemixt mit einem Schuss Gesundheit: Ingwer, Aloevera oder Echinacea.

Heilbar, Essbar, Trinkbar, Snackbar.

## cafecafe ☼

50674 Köln, Belgisches Viertel, Aachenerstr. 45 • Tel.: 0221/270 66 39
www.cafecafe.de • Ö: Mo–Fr 7–19 Uhr, Sa 9–18 Uhr, So Ruhetag
Anfahrt mit KVB: Linie 1, 7 bis Moltkestr.

## Krebbers Bewertung:

**Essen** ●●●●●●○

Die drei beliebtesten Gerichte:
• Classic Bagel (Paprikakäse, Rucola, Tomate, Sprossen) 2,30 €
• Tagessuppe 3,- €
• California Pastasalat (Walnüsse, getrocknete Tomaten, Oliven, Kapern) 3,30 €

**Trinken** ●●●●●●○
• Kölsch 0,33 l  2,- €
• Cola etc. 0,33 l  1,90 €
• Wasser 0,25 l  1,90 €
• Kaffee 1,50 €
• Wein 0,15 l  ab 3,50 €

**Service** ●●●●●○○

**Ambiente** ●●●●●●○

# Café Franck/
# Shibuya-Lounge

**Das Neue suchen, das Alte aber erhalten.** Unter diesem Motto hat vor zwei Jahren ein junges Paar das über 70 Jahre alte Café Franck in Ehrenfeld übernommen. Mit 92 Jahren hatte Frau Entz ihr Café in jüngere Hände gegeben. Daraus ist eine interessante Mischung entstanden:

>> Alle Generationen vereint, und, ja, schön zum Abschalten. <<

Jo, su es dat em Café an der Ecke Eichendorffstraße. Erinnerungen nicht nur an Eichendorff, sondern auch an den großen und kleinen Kafka werden hier lebendig. Der Dichter in Tassenformat: Kafka, das ist Kaffee mit Kakao. Dazu gedeckter Apfelkuchen – das Stück für 2,40 €, mit Sahne 40 Cent mehr. Kuchen und Torten satt: vom Marmorkuchen für 1,60 € bis zur Pralinentorte für 2,60 € das große Stück. Immer frisch, immer lecker für Alt und Jung. Im »Franck« treffen die Generationen aufeinander – die 92-jährige Frau Entz hat ihren Stammplatz und fühlt sich sehr wohl und zuhause hier – bei Latte macchiato für relativ teure 2,50 €, Filterkaffee – den gibt's hier noch – oder einem Gläschen Sekt.

>> Guter Service, und der Kuchen schmeckt mir hier sehr gut. <<

Vorher dicke Torten, später fette Cocktails. Freitag und Samstag Nacht: Aus Café Franck wird die Shibuya Lounge. Guten Abend – Kombán wá! Shake den Cocktail, heißt es immer freitags und samstags, die Kölschtrinker müssen mit Flaschenbier vorlieb nehmen – 2,20 €, das ist okay. Außer 15 verschiedenen Cocktails kann man Wein trinken, aber grüne Erbsen mit Wasabi und asiatische Instantsuppen bekommt man nur nachts. Aber wer solch nahrhafte Cocktails trinkt, braucht kein Essen mehr. Und in einer Lounge will man ja eigentlich nur quatschen und entspannen.

>> Das hat halt 'ne schöne Atmosphäre, 60iger Jahre Stil. <<

Die Cocktails sind nicht ganz billig – ab 3,60 € –, aber die außergewöhnliche Mischung des Café Franck macht's.

Hier wurden schon 80-Jährige gesichtet, die noch vom Nachmittag hängen geblieben sind – Cocktails trinkend.

>> Die Cocktails sind echt super lecker. <<

Wie wär's mit einem »Singenden Eunuchen« – ein fruchtig, biomäßiger Cocktail? Oder vielleicht eine »Beleidigte Geisha Woo«, die etwas säuerlich ist, da mit Zitrone. Es geht natürlich auch alkoholfrei mit der »Braven Genossin Hong Yü«.

>> Von außen sieht das so aus wie ein altes Oma-Café, und wenn man reingeht, ist es eine Lounge mit leckeren Cocktails und elektronischer Musik. <<

Und dann wunderbar entspannen. Eh, dat es chillen, ja!

---

## Café Franck/Shibuya-Lounge 🍷🏠
50825 Köln, Ehrenfeld, Eichendorffstr. 30 • Tel.: 0221/716 72 10
www.cafe-franck.de • Ö: Di–Do/So 10–19 Uhr, Fr/Sa 10–2 Uhr, Mo Ruhetag
Anfahrt mit KVB: Linie 5, 13 bis Subbelratherstr./Gürtel

### Krebbers Bewertung:

**Essen** ●●●●●○○
Die drei beliebtesten Gerichte:
• Marmorkuchen 1,60 €
• Käsekuchen 2,40 €
• Mandelspezialtorte 2,60 €

**Trinken** ●●●●●●○
• Kölsch 0,33 l  2,20 €
• Cola etc. 0,2 l  1,80 €
• Wasser 0,25 l  1,70 €
• Kaffee 1,80 €
• Wein 0,1 l  ab 1,90 €

**Service** ●●●●●○●

**Ambiente** ●●●●●●●

# Café Rico

**Mittelstraße/Ecke Pfeilstraße – hier beginnt et Düsseldorf vun Kölle.** Schon 1969 wurde in der Pfeilstraße die erste Boutique Kölns eröffnet: die 69, die es übrigens immer noch gibt. Jetzt kann jeder Kölner, dä jet an de Föß hät, sich extravagant wie in Düsseldorf fühlen und edle Ware exklusiv in exquisiten Designergeschäften einkaufen. Ävver mer kann och ganz einfach un gemödlich em Café Rico op der Eck esse un drinke.

> ≫ Ich finde, es ist sehr offen, sehr freundliche Bedienung, man fühlt sich hier aufgehoben.≪

»Rico«, dat es spanisch un heiß »herrlich« oder »lecker«. Herrlich lecker und herzlich locker es et em Rico. Und – keine Systemgastronomie, et Rico gehört zu keiner dieser amerikanischen Ketten.

In dem offenen, stilvoll eingerichteten Café mit Nichtraucherteil trifft man sich zum Kaffee. Für Nostalgiker gibt's Filterkaffee, aber auch Tee mit frischer Minze.

> ≫ Man hat viel Auswahl im Gegensatz zu anderen Läden, es gibt auch Tee z. B, nicht nur Kaffee.≪

Vom Frühstück über das Mittagessen bis zum Abendbrot: Für jeden Geschmack ist etwas im Angebot.

Die Karte präsentiert jeden Tag drei bis vier kleine, hausgemachte Gerichte: z. B. Kürbiseintopf mit Mettenden oder Paprikaschote mit Hackfleisch, alles zum fairen Preis.

> ≫ Hier sind alle immer gut gelaunt, sehr höflich, sehr fröhlich, man kann schöne Kleinigkeiten zu Mittag essen, gefällt mir sehr gut.≪

Dicke Pflaumentorten oder ein wunderbarer Zupfkuchen runden das Ganze ab.

---

## Café Rico ☼
50672 Köln, Innenstadt, Mittelstr. 31–33 • Tel.: 0221/240 53 64
Ö: Mo–Sa 9–22 Uhr, So 11–20 Uhr • www.cafe-rico.de • Anfahrt mit KVB: Linie 1, 6, 7, 12, 15 bis Rudolfplatz

## Krebbers Bewertung:

**Essen** ●●●●●●○
Die drei beliebtesten Gerichte:
• Möhreneintopf »bürgerlich«, klein 4,90 €, groß 5,50 €
• Tiroler Hähnchenpfanne 7,40 €
• (freitags) paniertes Fischfilet mit hausgemachter Remoulade und Kartoffelsalat 7,90 €

**Trinken** ●●●●●●○
• Kölsch 0,33l 2,40 €
• Cola etc. 0,33l 2,50 €
• Wasser 0,33l 2,20 €
• Kaffee 1,80 €
• Wein 0,2l ab 3,70 €

**Service** ●●●●●○●

**Ambiente** ●●●●●●○

# Café Sehnsucht

**Seit 27 Jahren grassiert hier in Ehrenfeld eine Sucht.** Die Sucht nach Ruhe, Sommer, kühlem Bier und leckerem Essen. Nur wer die Sehnsucht kennt, weiß, was ich leide, sagte schon Goethe im »Wilhelm Meister«. Aber in der Körnerstraße gibt es einen Ort, an dem das Leiden ein Ende hat. Im Café Sehnsucht finden unsere Wunschträume ein Zuhause, und deshalb heißt das üppige Frühstück hier auch »Endstation Sehnsucht«: für 13, 80 € pro Nase alles, was das Herz begehrt. Den Kaffee aus fairem Anbau gibt's zum fairen Preis von 2,10 € – für den großen Milchkaffee. Nicht länger auf dem grünen Sofa sitzen, ist die Devise; die neue, helle Sehnsucht lockt nach draußen: Hier sitzt man bei jedem Wetter richtig, ob im luftigen Wintergarten oder auf der kleinen Hinterhofterrasse.

» Der Umbau ist ziemlich schön geworden, es ist viel heller als früher… «

Die Karte wechselt täglich, aber ein paar Gerichte sind besonders beliebt: Für den Feldsalat mit Tomaten-Avocado-Bruschetta bezahlt man 8,30 € und der Bunte Salat mit Ziegenkäse in Brickteig, eine schöne Kreation für 8,90 €. Eilige und Mittagspäusler erhalten für nur 5,- € ein täglich wechselndes Gericht – mal vegetarisch, mal mit Fleisch.

>> So 'ne alternative Küche ist meine Oma nicht so gewöhnt, aber es schmeckt trotzdem sehr gut. <<

Aber weil die Erfüllung der Feind der Sehnsucht ist, ist eben nicht alles perfekt. Das Kölsch und die anderen Getränke – bis auf den Kaffee und den Wein – sind einen Tick zu teuer.

Alles beginnt und endet mit der Sehnsucht. Die Sehnsucht nach Licht und Schatten, nach Kölsch und selbst gebackenem Kuchen, nach Cocktails zum Happy-Hour-Preis von 4,50 € und einem großen Milchkaffee.

>> Man fühlt sich wohl, es ist nicht allzu schick, es passt zu Ehrenfeld. <<

Jetzt müssen Sie selbst rausfinden, was es im Café Sehnsucht nicht gibt. Ach, ein bisschen quälende Sehnsucht brauchen wir doch immer.

## Café Sehnsucht

50823 Köln, Ehrenfeld, Körnerstr. 67 • Tel.: 0221/52 83 47 • Ö: Mo–Fr 8–1 Uhr, Sa/So 10–1 Uhr • Anfahrt mit KVB: Linie 3, 4 bis Körnerstr.

### Krebbers Bewertung:

**Essen** ●●●●●●○
Die drei beliebtesten Gerichte:
• Verschiedene Currys 8,- €
• Bunter Salat mit Ziegenkäse in Brickteig 8,90 €
• Marinierte Hähnchenspieße in Erdnuss- soße 9,80 €

**Trinken** ●●●●●●○
• Kölsch 0,2 l  1,40 €
• Cola etc. 0,2 l  2,- €
• Wasser 0,2 l  1,50 €
• Kaffee (aus fairem Anbau) 1,70 €
• Wein (selbstgemachter Hauswein) 0,2 l  ab 3,- €

**Service** ●●●●●●●

**Ambiente** ●●●●●●●

# Café Vreiheit

»Freiheit!!«, rufen die Mülheimer heute nicht mehr. Denn et es jo vörbei met der Freiheit. 1914 Eingemeindung. Die Kölner fürchten die Konkurrenz der rechtsrheinischen Stadt und nehmen sie deshalb en ehr kölsche Familich op. Die Mülheimer Freiheit finden wir heute gegenüber dem Frieden. Hier die evangelische Friedenskirche, dort das Café Vreiheit in der Wallstraße. Frieden und Freiheit, Kirche und Stadt. Das Lokal besticht durch eine Unterglastischkunst, bei der jedes Viereck unterschiedlich gestaltet ist. Aber das ist nur eine Attraktion hier.

>> Ist ein Schmuckstück hier in Mülheim, find ich toll. <<

Ansonsten zählt Trinken, Essen, Lesen. Wer hier reinkommt, der kann nicht nur aus Zeitungen, Zeitschriften und Büchern, sondern sogar aus dem Fußboden lesen.

Die Getränkepreise sind insgesamt zu hoch, dafür entschädigen die Gerichte auf der täglich wechselnden Karte. Also nicht nur Geist und Getränk, sondern auch Suppe und Speck. Der schon fast für jedes Lokal obligatorische Salat mit Putenbruststreifen, hier süßscharf asiatisch, und auch zwei bis drei vegetarische Gerichte können sich vom Geschmack und Preis her sehen lassen.

>> Optisch sehr einladend und auch lecker vom Essen her. <<

Empfehlenswert: Den Suppenkasper erfreut ein deftiger Wirsingeintopf. Die Mülheimer haben einen neuen Treffpunkt.

>> Für Köln-Mülheim super-klasse. Gefällt mir sehr gut. <<

Man kann es sich auf dem Sofa, mit der Speise- und Lesekarte, zwischen Kaffee und Kakao aus fairem Handel, gemütlich machen oder hat die Freiheit, draußen zu sitzen im Schatten der Friedenskirche – im Biergarten auf der gegenüberliegenden Straßenseite. Mit Blick auf die »Vreiheit« – die Mülheimer Vreiheit.

---

## Café Vreiheit 🏠 ☀

51063 Köln, Mülheim, Wallstr. 91 • Tel.: 0221/991 77 93 • Ö: tägl. 10–1 Uhr
Anfahrt mit KVB: Linie 4, 13, 17, 18, 19 bis Wiener Platz

---

## Krebbers Bewertung:

**Essen** ●●●●●●○

Die drei beliebtesten Gerichte:
- Selbst gemachter Kuchen 2,10 €
- Wirsingwickel gefüllt mit Maronen-Grünkern und Röstkartoffeln 8,40 €
- Salat mit Putenbrust süß-scharf 8,90 €

**Trinken** ●●●●●○○
- Kölsch 0,2 l  1,30 €
- Cola etc. 0,2 l  2,- €
- Wasser 0,25 l  1,50 €
- Kaffee 1,50 €
- Wein 0,2 l  ab 3,10 €

**Service** ●●●●●●○

**Ambiente** ●●●●●●○

# Eiscafé Engeln

**Es et Inne och esu wärm?** Ich sag' Ihnen mal, wie man sich auf wunderbare Weise innerlich kühl halten kann. Ganz einfach, drusse un drenne em Eiscafé Engeln. Der Familienbetrieb in der dritten Generation ist die Anlaufstelle für Eissüchtige in Köln. Kleine und gro-

ße Schmecklecker finden hier ihr Paradies. Und das für nur 60 Cent das Bällchen.

>> Erstmal ein Super-Eis – und ein vernünftiger Preis, die haben nicht aufgeschlagen. <<

Ob im Hörnchen oder im Becher, die Kunden nehmen das Eis gerne mit. Insgesamt 14 traditionelle Sorten verkauft der Eissalon Engeln. Von Erdbeere über Pistazie bis Schokolade und Zitrone. Für den langen Weg nach Hause gibt es die perfekte Isolierverpackung.

>> Man nimmt es mit, wenn man irgendwo auf Besuch geht, ne. <<

Lecker und preiswert sind auch die Eis-Milch-Mix-Getränke – 2,50 € das große Glas.

Wer will, kann hier auch ein vollständiges Mittags- oder Abendmenü zu sich nehmen: Als Vorspeise eine kleine Portion aus leichtem Fruchteis. Der Hauptgang, die deftige Portion – der Eisbecher Blauer Engel. Und als Nachspeise, göttliche Eissplittertorte. Sie bezahlen weniger als für jedes andere Menü. Ich jedenfalls ziehe den Eisbecher dem Eisbein vor. Die verschiedenen Kreationen kosten 3,80 €, und auf der Terrasse darf man auch sein Hörnchen verputzen.

Kölsche Eiszeit! Es ist Sommer, es ist heiß, wir essen Engelns himmlisch Eis.

>> Ich find, das ist das leckerste Eis von Köln. <<

---

## Eiscafé Engeln

50733 Köln, Nippes, Cranachstr. 22 • Tel.: 0221/73 83 41 • www.eis-engeln.de
Ö: Apr.-Sept. Di–So 11–21 Uhr, Mo Ruhetag • Anfahrt mit KVB: Linie 6, 12, 15 bis Lohsestr.

## Krebbers Bewertung

**Essen**: ●●●●●●○○

Die drei beliebtesten Becher:
• Schoko 3,80 €
• Erdbeer 3,80 €
• Krokant 3,80 €

**Trinken** ●●●●●●○○
• Cola etc. 0,2 l  1,50 €
• Wasser 0,2 l  1,50 €
• Kaffee 1,65 €

**Service** ●●●●●●○○

**Ambiente** ●●●●●●●○

# PFAUS 01

**1714 wurden die Protestanten aus dem katholischen Köln vertrieben, und damals begann die Blütezeit Mülheims.** An der Mülheimer Freiheit op der Schäl Sick steht seit 1755 das Haus »Zum Pelikan«. Das »Pelikan« zeigt den Wohlstand von damals, gegenüber das »PFAUS 01« – ein Café in einem neuen Haus – die Zustände heute.

>> Es ist klein, nett und gemütlich. <<

Das PFAUS 01 präsentiert sich architektonisch und bewirtungsmäßig als interessante Kaffee-Oase im Rechtsrheinischen.

>> Schön gemacht, ist auch viel Arbeit reingesteckt worden hier. <<

Frisch gepresste Säfte sind günstig wie die anderen Getränke auch. Es gibt Kölsch vom Fass, aber der Kaffee ist das Hausgetränk mit ganz eigener Geschichte. Im Hinterhof dieses Hauses gab es früher eine Kaffeerösterei.

Zwischen 10 und 22 Uhr kann man hier frühstücken in den Variationen von 3,60 € bis 8,10 € inklusive einem Heißgetränk. Beim Frühstück 3 gibt's zusätzlich noch einen frischen Saft.

>> Gutes Frühstück und vor allen Dingen sehr guter Kaffee. <<

Das 0,2 l Glas Wein ist ab 2,90 € zu haben. Täglich stehen 15 kleine Gerichte im Angebot, und auf der Wochenkarte noch zusätzlich bis zu fünf weitere: z. B. Gnocchi in Gorgonzola-Walnusssauce oder auch frische Quiche mit Salat für 5,40 €. PFAUS 01 ist einfach ein ideenreicher, angenehmer Aufenthaltsort.

>> Das ist eigentlich das Highlight hier in Mülheim. <<

Bis 2001 stand hier eine Kriegsruine, die der jüdische Besitzer aus Trauer und zum Gedenken – als Mahnmal – stehen lassen hatte. »Zur blauen Hand« hieß das Lokal früher. Jetzt haben es die neuen Eigentümer umbauen lassen, und im renovierten Haus gibt es das PFAUS 01.

---

**PFAUS 01** ☼
51063 Köln, Mülheim, Mülheimer Freiheit 54 • Tel.: 0221/966 11 10
Ö: Di–So 10–22 Uhr, Mo Ruhetag • Anfahrt mit KVB: Linie 4, 13, 18, 19 bis Wiener Platz

## Krebbers Bewertung:

**Essen** ●●●●●●○

Die drei beliebtesten Gerichte:
Frühstück von 3,60 € bis 8,10 €
Kuchen von 2,- € bis 2,50 €
Tagesgericht (z. B. Nudeln) 4,80 €

**Trinken** ●●●●●●○
• Kölsch 0,2 l 1,30 €
• Cola etc. 0,2 l 2,- €
• Wasser 0,2 l 1,30 €
• Kaffee 1,60 €
• Milchkaffee 0,5 l 2,80 €
• Wein 0,2 l ab 2,90 €

**Service** ●●●●●●●

**Ambiente** ●●●●●●●

# Souppresso

Die kleine Tochter von nem Freund sagte doch neulich im Café: »Papa, ich möchte auch einen Erpresso.« – Den trinkt die Mafia am liebsten. Und der gewandte, weitgereiste, oberschlaue Kosmopolit bestellt cool: »Einen Expresso, aber ruck zuck.« Dat Souppresso ist nicht die Mischung aus Er-, Ex- und Espresso. Dat es de einfachste Verbindung von Suppe und Kaffee. Aber nicht nur. Aufgeschäumte Milch gibt's hier auch für eine ganz spezielle Teeart: Indischer Gewürztee in verschiedenen Sorten, mit deren Genuss man einen Fond für bedrohte Tiere unterstützt. Der Milchkaffee – nur 1,90 € das Glas – kommt mit einer portugiesischen Spezialität auf den Tisch: Pasteis de Nata. Frisch gepresste Säfte z. B. Apfel, Möhre, Orange kosten nur 2,50 € das Glas, und auch die übrigen

Angebote sind allesamt richtig billig.
Man kann sich selbst bedienen, aber
alles wird auch an den Tisch gebracht.

>> Es geht sehr zügig, es ist
sehr abwechslungsreich. <<

Das einfache Ciabatta ist üppig belegt
mit Mozarella, Pesto, Tomate, Basilikum und kostet nur 2,80 €. Drei Suppen hat man zur Auswahl (3,- € bis
4,50 €) – alles auch zum Mitnehmen;
und immer gibt's was Vegetarisches.
Der hintere Raum ist für Nichtraucher
und bietet ein ruhiges Plätzchen zum
Essen.

>> Schmeckt sehr gut, Atmo nett
und die edienung. <<

Der italienische Parmasalat, mit 6,- € schon das teuerste Gericht,
schmeckt wunderbar frisch, und der Riesenteller kräftige Bohnen-
suppe mit Tomaten und Mettwurst ist einfach köstlich.

>> Dass die ganz frische Sachen verarbeiten hier und zu nem
recht günstigen Preis. <<

Pasta und Quiche werden auch angeboten. Und ob mexikanische
Tortillasuppe, gutes Frühstück oder Kuchenspezialitäten: Hier gibt's
für jeden was.

>> Essen ist in Ordnung – vor allen Dingen die Ciabattas –
und ich komm ganz gern hierher. <<

Jetz es et wissenschaftlich bewiesen: Kaffee entzieht dem Körper
doch kein Wasser. Ich wäre auch schon längst zu Staub zerfallen.
Außerdem kann ich den Körper mit Suppe gut wässern. Hier gibt es
zum Glück keine badische Schnecken- oder türkische Kuttelsuppe,
dafür aber kölsche Kanariesvügelscheszüngelcheszüppcher.

## Souppresso
0674 Köln, Innenstadt, Lindenstr. 60 • Tel.: 0221/201 91 08 • www.souppresso.de
): Mo–Fr 7.30–19 Uhr, Sa 9–17 Uhr, So Ruhetag • Anfahrt mit KVB: Linie 136, 146
is Roonstr.

### Krebbers Bewertung:

**Essen** ●●●●●●○
ie drei beliebtesten Gerichte:
Ciabatta (einfach): Mozarella, Pesto,
Tomate, Basilikum 2,80 €
Drei verschiedene Suppen, davon zwei
vegetarisch von 3,- € bis 4,50 €
Europäische Kuchenspezialitäten
ab1,60 €

**Trinken** ●●●●●●○
• Cola etc. 0,2l  1,30 €
• Wasser 0,2l  1,20 €
• Kaffee 1,40 €

**Service** ●●●●●●○

**Ambiente** ●●●●●●○

**Valentin's**

**In den 1930er Jahren fotografierte August Sander das neue Dischhaus und Alt St. Kolumba.** Das im Krieg zerstörte Dischhaus wurde wieder aufgebaut. Und von St. Kolumba blieben nur einige Mauerreste und die Madonna in den Trümmern. Die Kolumbakapelle liegt ganz versteckt im Riesenneubau des Diözesan-Museums – ein gewaltiger grauer Klotz. Ab 2007 gibt es hier zeitgenössische und sakrale Kunst: Lochner und Dali, Riemenschneider und Warhol, Barlach und Beuys – und nebenan der Garten, die Terrasse des Valentin's.

» Vor ungefähr 40 Jahren habe ich hier in der Nähe gearbeitet, und deswegen zieht es uns immer wieder hier hin. «

Gemütlich draußen den Kaffee in allen Variationen und zum guten Preis genießen. Der Wein aus dem 0,1 l Glas ist mit 2,60 € sehr teuer. Aber der prima Cappuccino und der leckere Eiskaffee locken die Gäste auf die schöne Terrasse, wo die Baustelle kaum spürbar ist.

» Es ist schön gelegen, so eine kleine grüne Oase im Großstadtgetümmel. «

Drinnen probieren englische Touristen unser Kölsch, leider nur aus der Flasche für 2,30 €.

Nicht nur für den Nachmittagskaffee, sondern auch als Tagesverpflegung bieten sich die üppigen Kuchen an. Wenn de Sonn schön schingk un et Wedder es wärm, wird drinnen weniger serviert, dafür ist draußen manchmal nicht genug Platz für die wirklich großen Tortenstücke – zwischen 2,40 € und 2,90 € kosten die nur.

>> Sehr kostengünstig und eine schöne Atmosphäre. Sehr nette Bedienung, das sehr, sehr schöne, ausgefallene Essen, besonders die Kleinigkeiten. <<

Die Standardgerichte von der Karte – z. B. der beliebte Speckpfannekuchen für 7,80 € – werden den ganzen Tag über geordert, aber auch die übrigen Speisen von Bratkartoffeln mit Spiegelei über Bandnudeln mit Zucchinistreifen und Mandelsplittern bis zu einem Steinpilz-Tomaten-Risotto – alles ist appetitlich, üppig und günstig.

>> Die Gerichte, immer recht ausgefallen, aber leichte Küche, also für den Mittagstisch genau das Richtige. <<

Essen und Museum, Trinken und Museum. »Kolumba« soll es heißen, wer kann denn auch schon Diözesan-Museum aussprechen. Monumental, gewaltig, beeindruckend, abweisend wie die graue Gotik des Kölner Doms, von dem die Kölner nach der Fertigstellung durch die Preußen sagten: »Nüdig wor hä jo nit, ävver hä süht och nit schlääch us.«

Vielleicht steckt hinter den Planen und Gerüsten doch en kölsche Lösung.

## Valentin's ☼

0667 Köln, Innenstadt, Ludwigstr. 11 • Tel.: 0221/25 89 98 77 • Ö: Mo–Sa –18.30 Uhr, So Ruhetag • Anfahrt mit KVB: Linie 3, 4, 5, 16, 17, 18, 19 bis Appellhofplatz

### Krebbers Bewertung:

**Essen** ●●●●●●○

Die drei beliebtesten Gerichte:
Kuchen von 2,40 € bis 2,90 €
Speckpfannekuchen 7,80 €
Bratkartoffeln mit Spiegelei und Salat 7,80 €

**Trinken** ●●●●●●○
• Kölsch 0,33 l  2,30 €
• Cola etc. 0,25 l  2,10 €
• Wasser 0,25 l  2,10 €
• Kaffee 1,90 €
• Wein 0,1 l  ab 2,60 €

**Service** ●●●●●●●

**Ambiente** ●●●●●●●

Draußen

# Alteburg

**Vor 2000 Jahren war die Alteburg ein paar Kilometer weiter südlich das Hauptlager der Römischen Flotte in Germanien.** Die Soldaten waren komfortabel untergebracht. Es gab Lagervorstädte mit Händlern, Frauen, Kneipen, die so genannten »cannabae«. Daher stammt das Wort »Kneipe«. Und so eine gibt's hier in der Vorstadt: den Alteburg-Biergarten. Und da gibbet natürlich Kölsch, leckeres Kölsch, aber nur im 0,3 l Glas für 2,10 €. »Dat muss doch nit sin«, säht do der Kölsch-Fan, wird aber entschädigt durch Livemusik.

» Mir gefällt die Atmosphäre mit der Musik und dass es nicht so überlaufen ist wie andere Biergärten. «

Ob Alt oder Jung, der Biergarten stillt jeden Durst.

» Typisch kölsch, mit Kind und Kegel, total nett und ungezwungen. «

Kunst trifft auf Küsschen, Weizenbier für 3,10 € auf Wein für 3,60 €. Das ist nicht ganz so günstig. Die Softdrinks dagegen und die Theke mitten im Garten sind prima.

>> Es ist so ein bisschen verwunschen hier zwischen den Eisenbahnbrücken. <<

Groß sind die Portionen, auch für gestandene Männer: Holzfäller-steak mit Bratkartoffeln und Salat 9,80 €. Den kleinen Hunger stillt man mit Tapas, die wohl sortierte Portion kostet 5,50 €, der Bauern-salat 7,50 €.

>> Wir kommen auch gerne mit unserem Enkelkind, weil es hier einfach witzig ist. <<

Gemütlich isst man auch auf der Terrasse: Rumpsteak mit Bratkar-toffeln und Salat für 12,80 € oder Bratkartoffeln pur mit Salat für 6,80 €. Die Auswahl ist nicht besonders groß, aber ausreichend.

>> Gute Bedienung, Essen ist lecker, et Kölsch es e bessche zo groß. <<

Historisches Gemäuer auf lateinischem Boden mit Südstadtesprit.
    Die Soldaten auf der Alteburg stellten eigene Töpferware her. Da stand zum Beispiel drauf: Ubi bene, ibi colonia. – Wo es mir gut geht, ist Kölle.
    Oder auch: Ubi bene, ibi cervesia. – Wo Kölsch ist, da geht es mir gut. Die cannabae, die Kneipe – immer für eine Überraschung gut.

---

## Alteburg

50968 Köln, Südstadt, Alteburgerstr. 139 • Tel.: 0221/937 83 29 • Ö: tägl. ab 12 Uhr
Anfahrt mit KVB: Linie 132 bis Bonntor

**Krebbers Bewertung:**

**Essen** ●●●●●○○
Die drei beliebtesten Gerichte:
Tapas 5,50 €
Salat Bratkartoffeln 6,80 €
Salat Pute 9,20 €

**Trinken** ●●●●●○○
• Kölsch 0,3 l 2,10 €
• Cola etc. 0,2 l 1,60 €
• Wasser 0,2 l 1,60 €
• Kaffee 1,70 €
• Wein 0,2 l ab 3,60 €

**Service** ●●●●●●●

**Ambiente** ●●●●●●●

# Biergarten Aachener Weiher

**Vom Trümmerhügel aus dem Zweiten Weltkrieg lacht der neue Biergarten,** direkt neben der schönen Pfütze mitten in der Stadt, mit Liegestühlen und zwei Bars, janz imposant dat Janze.

≫ Man sitzt am See, man hat Sonne oder Schatten, sehr angenehm hier. ≪

Und auch in diesem Biergarten gilt: Hopfen und Malz erleichtern die Balz. Im Liegestuhl entspannen und Kölsch aus 0,25 l Gläsern trinken. Der Biergarten stellt die Stühle und bietet auch den Service auf der Wiese an.

≫ Man hat eine Südseeatmosphäre hier, mit Sonne, Luft, Bier, netten Kellnern usw. ≪

Auf der Terrasse werden außer den kleinen Kölsch für 1,80 € auch Weizenbier (3,50 €) und Nichtalkoholisches ganz günstig serviert. Wein gibt es den Viertelliter schon ab 3,30 €, un wann et esu schön wärm es, schmeckt auch die frische Melonenscheibe für 1,50 €. Die klassenlose Biergartengesellschaft trifft sich hier.

>> Ich finde das sehr schön hier, sehr studentisch, halt bunt gemischt, auch teilweise ein paar Familien dabei. <<

Bei den Portionen – z. B. das Holzfällersteak für 8,40 € oder der Salatteller mit Rucola und Mini-Mozarella (7,50 €) – kann man wirklich nicht meckern. Auch die Spareribs mit Beilagen sehen lecker aus, Kostenpunkt 8,50 €, oder man greift auf Fritten mit Wurst (4,50 €) zurück. Und für 6,90 € gibt es sogar einen vegetarischen Antipastiteller.

>> Die Essensauswahl ist auch gut für einen Biergarten, es geht schnell, wir sind zufrieden. <<

Die Verbindung zwischen Self-Service und Bedienung klappt prima. Aber wie in bayrischen Biergärten kann man sein Essen auch mitbringen. Un dobei dä wunderschöne Bleck op der Teich.

Ävver wann mer sich ömdriht … dat neue Biergartengebäude vun der Stadt noh enem Architektenwettbewerb usgewählt.

>> In dem alten Lokal war ich nicht so gerne, bin jetzt auch zum ersten Mal hier, und das ist wirklich, wirklich gut gelungen. <<

Müssen Sie sich ansehen: Kirche, Knast, oder Betonablagerung? Obwohl die grauen Wände heizen sich richtig schön auf, dann es et em Winter hee och schön wärm, und der Winterbiergarten (den gibt es wirklich!) kann davon profitieren.

## Biergarten Aachener Weiher ▲▲

50674 Köln, Belgisches Viertel, Richard-Wagner-Str. • Tel.: 0221/500 06 14
Ö: tägl. 10–24 Uhr (auch im Herbst und Winter)
www.biergarten-aachener-weiher.de • Anfahrt mit KVB: Linie 1, 7 bis Moltkestr.

### Krebbers Bewertung:

**Essen** ◉◉◉◉◉◉○
Die drei beliebtesten Gerichte:
• Antipastiteller 6,90 €
• Rucola mit Mini-Mozarella und Tomaten 7,50 €
• Holzfällersteak mit Pommes frites und Krautsalat 8,40 €

**Trinken** ◉◉◉◉◉◉○
• Kölsch 0,25 l  1,80 €
• Cola etc. 0,3 l  2,10 €
• Wasser 0,3 l  2,10 €
• Kaffee 1,80 €
• Wein 0,25 l  ab 3,30 €

**Service** ◉◉◉◉◉◉○

**Ambiente** ◉◉◉◉◉◉◉

# Biergarten Blücherpark

**Grün für die Industrievororte Neppes un Ihrefeld, so hieß der Stadtteil vor 100 Jahren.** Und genau zwischen Neppes un Ihrefeld legte man den Blücherpark an, mit einem Kahnweiher mittendrin. Heidewitzka, Herr Kapitän, im Neppesser Böötche fahre mer su gään. An Land wird man mit kühlen Getränken versorgt, in einer Mischung aus Bringservice und Holbedienung. Leider gibt's das Kölsch nur in 0,3 l Gläsern für 2,10 €. Kinder verwöhnt man mit Limo für 80 Cent, aber der Wein kostet 3,80 €.

>> Es ist Platz für die Kinder da. Das mit dem See ist natürlich auch 'ne Besonderheit hier. <<

Wenn Betrieb herrscht, muss man sich die Getränke schon öfter mal holen. Aber dann kann man direkt am Weiher im Sönnchen das kühle Bier zischen und aus jedem Tag einen Urlaubstag machen.

>> Man hat die grüne Natur, und man kriegt ein schönes Kölsch hier. <<

Freitagabends gibt's tolle Musik in der Freiluftdisko, und manche freuen sich auf das Sonntagsfrühstück.

Essen für alle: Bratwurst mit prima Bratkartoffeln bekommt man für 6,- €, leckere Salate mit Pfiff – wie Putenbrust, asiatisch mariniert für 9,- € und Nudelsalat mit Schafskäse und getrockneten Tomaten für 4,50 €.

>> Die Preise sind normal, die Qualität ist sehr gut. <<

Die Auswahl ist nicht so groß, aber jede Woche wechseln die Gerichte auf der Karte. Entspanntes Abendmahl am Weiher mit vielen netten Menschen.

>> Das ist einfach ein schöner Platz zum Relaxen. <<

Un wann et em Sommer jet mih rääne sollt, es dat jo nit schlemm, mer han doch et Neppesser Böötche. Domet künne mer en aller Rauh noh Hus rodere. Ahoi!

---

## Biergarten Blücherpark ▲▲

50739 Köln, Bilderstöckchen, Escherstr./Ecke Parkgürtel • Tel.: 0221/170 22 91
Ö: Mo–Sa ab 14 Uhr, So ab 10 Uhr. • Anfahrt mit KVB: Linie 5, 13 bis Nussbaumerstr. oder Escherstr.

### Krebbers Bewertung:

**Essen** ●●●●●●○

Die drei beliebtesten Gerichte:
• Kartoffelsalat 3,80 € mit Wurst 5,80 €
• Salat »Plüsch«: Pute mariniert 9,50 €
• Chèvre Chaud: Ziegenkäse mit Salat 9,50 €

**Trinken** ●●●●●○○
• Kölsch 0,3l  2,20 €
• Cola etc. 0,2l  1,80 €
• Wasser 0,2l  1,50 €
• Kaffee 1,50 €
• Wein 0,2l  ab 4,- €

**Service** ●●●●●○○

**Ambiente** ●●●●●●●

# Biergarten Schillplatz

**St. Heinrich und Kunigund, diese älteste Kirche im Veedel, ließ ein Neppesser Buur för sing Frau baue.** Da hatten die Neppesser Buure noch Geld. Vun hee us hät mer ene wundervolle Bleck op der Schillplatz. Dä Platz gitt et zick 200 Johr, ävver dä steiht en keinem offizielle Stroßeverzeichnis. Keine wegelagernden Autos, keine stapelnden Container, sondern eine Piazza, eine Piazetta.

&gt;&gt; Ein sehr schönes Flair mit einem schattigen Plätzchen und ein alkoholfreies Bier. ≪

Italienische Verhältnisse in Nippes, dazu der richtige Wein – 3,- € das Glas im Gernot's. Günstiger ist's im Morio: ab 2,80 €. Diese zwei Kneipen bewirtschaften den Biergarten auf dem Schillplatz. Das Kölsch gibt's bei Gernot's leider nur im 0,25 l Glas für 1,80 €, drinnen erhält man jedoch 0,2 l für respektable 1,25 € die Stange. Man kann gemütlich und entspannt sitzen, aber die nichtalkoholischen Getränke sind in beiden Läden etwas zu teuer. Im Morio Biergarten wird das Kölsch sogar nur in 0,3 l Gläsern für 2,10 € ausgeschenkt. Aber es ist schön kalt und schnell gebracht.

&gt;&gt; Man meint, man sei in Paris, kann die Kinder spielen sehen und kann gemütlich seinen Salat essen, das ist einfach klasse. ≪

Na sühs de, aus der Küche des Gernot's kommen die großen Gerichte: Salat mit Rinderhüftstreifen für 11,80 € und Kalbschnitzel mit Salat und Bratlingen für 12,90. Das Clubsandwich wird frisch serviert mit Hähnchen, Speck, Tomate und kostet 6,50 €.

Im Morio Garten bekommt man nur kleine Gerichte, aber ganz günstig. Für 6,30 € gibt es einen Salat mit Schafskäse. Das Kichererbsenpüree kostet 4,40 € und 3,- € das Fladenbrot mit Knoblauchbutter.

≫ Und dass man sich hier immer so fühlt, als wäre man im Süden, also dafür braucht man eigentlich gar nicht mehr in Urlaub zu fahren. ≪

Morio und Gernot's, St. Heinrich und Kunigund, beides eine Einheit in Zweisamkeit. Kölsch un Wing, Wing un Kölsch, Urbi et Orbi, müffele und süffele. Und wann et rähne sollt – ich han der Mädcher nix gedon, et wor zo ärg am Rähne –, dann kann mer en et gemödliche Morio gonn un dat gemödliche Gernot's. Loss uns jet noh Neppes gonn, en Neppes krige mer Spass.

≫ Da kommt man gerne nach Köln, auch als Düsseldorfer. ≪

## Biergarten Schillplatz 🍴 🏠

50733 Köln, Nippes • **Gernot's:** Mauenheimer Str. 32, Tel.: 0221/76 63 05 **Morio:** Schillstr. 12, Tel.: 0221/76 97 37 • Ö: tägl. 11–23 Uhr • Anfahrt mit KVB: Linie 6, 12, 15 bis Florastr.

### Krebbers Bewertung:

**Essen** ●●●●●○○

- Die drei beliebtesten Gerichte im **Gernot's**: Ciabatta ab 3,40 €, Ofenkartoffel mit Kräuterquark und Garnelen 7,90 €, Tortellini mit Champignon-Schinken-Soße 9,30 €
- **Morio**: Kichererbsenpüree mit Joghurt, Knoblauch und Fladenbrot 4,40 €, Fladenbrot mit Schafskäsecreme und Tomate 4,80 €, Salat mit Schafskäse 6,30 €

**Trinken** ●●●●●○○

- **Gernot's:** Kölsch 0,25 l 1,80 €, Cola etc. 0,2 l 1,90 €, Wasser 0,2 l 1,80 €, Kaffee 1,80 €, Wein 0,2 l ab 3,- €
- **Morio:** Kölsch 0,3 l 2,10 €, Cola etc. 0,33 l 2,20 €, Wasser 0,25 l 1,70 €, Kaffee 1,60 €, Wein 0,2 l ab 2,80 €

**Service** ●●●●●○

**Ambiente** ●●●●●●

# Café Hirsch

**Mitten in Köln am Aachener Weiher – Asien pur.** Aber hier geht's nicht um kölsches Feng Shui oder die Möblierung eines China-Restaurants. Das Museum für Ostasiatische Kunst mit seinem japanischen Landschaftsgarten weckt den kölschen Buddhisten in mir. Ganz noh däm Motto »et kütt wie et kütt«, »et es wie et es«, »et hät noch immer gog gegange«.

» Ich bin hier zur Schule gegangen, hier sind wir Schlitt-
schuh gelaufen, Kahn gefahren, und jetzt sitzen wir hier
im Café. «

Traumhaft die Kulisse am Aachener Weiher. Da lässt man sich doch gerne einen Chardonnay servieren, das 0,2 l Glas für 3,50 €. Die einfache Tasse Kaffee kostet aber 1,90 €, auch die übrigen Getränke sind zu teuer, und Kölsch gibt es nur aus der Flasche. Aber bei dem Panorama …

» Alleine dieser Blick hier ist wie Ferien. Deswegen gehe
ich auch nach dem Einkaufen mit meiner Schwiegermutter
immer hier hin ne Tasse Kaffee trinken. «

Die Karte des Cafés ist klein, aber fein.

» Ich bin auch immer überrascht wie gut das Angebot
hier ist. Ist zwar nicht groß, aber für mich
ausgezeichnet. «

Für den einfachen Pfannkuchen – ob salzig oder süß – bezahlt man zwischen 4,- und 7,- €. Zum salzigen gibt's einen riesigen Beilagen-salat.

>> Es stimmt alles, auch das Personal. Sehr, sehr nett. <<

Der für Cafés übliche Toast Hawaii ist hier sehr üppig und kostet 5,90 €. Über dem Ganzen schwebt ein Hauch von kölschem Alltag und fernöstlicher Weisheit. Auch Essen und Trinken können eine Kunstform sein. Das steinerne Objekt im Wasser vorm Café heißt »Fahne im Wind«. Ein bisschen steif für 'ne Fahne, aber beweglich ist ja alles drum herum. Und Fahne im Wind ist auch die Bedeutung des Elementes Yang. Und Ying ist der Blick in den Himmel. Also haben wir hier Ying und Yang im perfekten Zusammenspiel von köl-schem Himmel und Fahne im Wind.

**Café Hirsch** (im Museum für Ostasiatische Kunst) 🍵 🕐
50931 Köln, Lindenthal, Universitätsstr. 100 • Tel.: 0221/430 98 82
Ö: Di–So 10–18 Uhr, Do 10–20 Uhr, Mo Ruhetag • Anfahrt mit KVB:
Linie 1, 7 bis Universitätsstr.

**Krebbers Bewertung:**

**Essen** ●●●●●●○
Die drei beliebtesten Gerichte:
• Apfelpfannkuchen 5,10 €
• Spinatquiche mit Beilagensalat 6,20 €
• Hähnchengemüseteller mit Käse über-
  backen 7,20 €

**Trinken** ●●●●●●●
• Kölsch 0,33 l  2,30 €
• Cola etc. 0,2 l  2,10 €
• Wasser 0,25 l  2,- €
• Kaffee 1,90 €
• Wein 0,2 l  ab 3,50 €

**Service** ●●●●●●○

**Ambiente** ●●●●●●●

# Em Birkebäumche

Auf der Neuenhöfer Allee in Sülz, mitten unter Bäumen, links und rechts Platanen, nevvenaan Kiefer in Blüte, Lindenbäume mit ihren frischen Blättern (die Achillesferse des deutschen Siegfried) und der Baum vor der Kneipe der Woche: et Birkebäumche em Birkebäumche.

Im Biergarten und an der Freilufttheke wird das Kölsch in der 0,2 l Stange serviert – prima –, äver 1,40 € dafür ist zu teuer. Auch die übrigen Getränke könnten insgesamt billiger sein: Weine 0,2 l gibt es ab 3,80 € und die Nichtalkoholischen nur im Nulldreierglas. Prinzipiell hat der Sülzer aber an seinem Biergarten nichts auszusetzen. Besonders schön: Zehn-Liter-Fässchen, das Pittermännchen, zum Selbstzapfen.

> Man hört vom Straßenlärm nix, direkt im Grünen, mit dem Fahrrad, mit allem ist das gut zu erreichen. «

Tagsüber eine günstige Karte, abends etwas teurere Gerichte vom Grill: Rumpsteak mit Salat und Brot 14,20 €, die großen Scampi-Spieße mit Beilagen kosten 15,- €. Aber – die Portionen sind großzügig, und das Fleisch und die Beilagen schmecken richtig gut.

> Es gibt nichts Schöneres als hier in der freien Natur zu sitzen und die hervorragenden Speisen und das klassische Bier zu sich zu nehmen. «

Die Kleinigkeiten zum Kölsch können sich sehen lassen und sind wie die Bockwurst mit Äädäppelschlot für 4,60 € noch erschwinglich. Schön drusse müffele un süffele, dat hät der Kölsche gään.

> Es gibt hier immer gutes Essen vom Grill, Steaks oder auch mal 'ne Haxe und natürlich ein frisches Kölsch. «

Was ich hier gerne trinke ist nicht Birkenwasser, obwohl es ja aus dem Birkebäumche kommt. Es müsste ja sonst auch Birkin heißen und nit Kölsch. Ich könnte es mir in die Haare schmieren – wegen des Wachstums und gegen die Schuppen. Ävver et Birkebäumche es jo och e Symbol: Der Maibaum für die Jugend, den Frühling un för die dress Polle. Zum Glück es dat Flänzche nit größer wie ene Birkenbonsai. Birkenallergiker, ihr könnt hier befreit niesend euer Kölsch trinken.

---

## Em Birkebäumche

50935 Köln, Sülz, Neuenhöfer Allee 65 • Tel.: 0221/43 39 07
www.em-birkebaeumche.sportkneipe.de • Ö: tägl. 11–1 Uhr
Anfahrt mit KVB: Linie 9 bis Mommsenstr.

## Krebbers Bewertung:

**Essen** ⬤⬤⬤⬤⬤◯
Die drei beliebtesten Gerichte:
• Fleischkäse mit Senf, Röggelchen und Äädäppelschloot 6,50 €
• Sommerteller (Parmaschinken, Melone, Scampis, Tomate etc.) 9,80 €
• Grillhaxe mit Krautsalat 10,50 €

**Trinken** ⬤⬤⬤⬤⬤◯◯
• Kölsch 0,2l 1,40 €
• Cola etc. 0,3l 2,40 €
• Wasser 0,3l 2,20 €
• Kaffee 1,80 €
• Wein 0,2l 3,80 €

**Service** ⬤⬤⬤⬤⬤⬤⬤

**Ambiente** ⬤⬤⬤⬤⬤⬤◯

# Pohlhof

**»Ein Pferd, ein Königreich für ein Pferd!«,** habe ich nur gerufen und – zack, sitze ich auf einem. »Ruhig, Brauner«, der heißt übrigens Amadeus. Ich lasse mich hier über den Dorfboulevard von Auweiler reiten. Direkt vor uns ist das Ziel, der »Pohlhof«. »Brrrrr«, das ist wie Bremsen beim Auto. Der alte Hof mit Herrenhaus ist seit 1985 Kneipe.

> ≫ Wir kommen hier reiten, und da kommen wir immer hier hin, weil es ist super gemütlich hier.≪

Wann de Sonn schön schingk, und et Wedder es wärm, dann kann man wunderbar im Pohlhof relaxen. Im Schatten von Weinreben sitzen, e bessche schwaade, leckeren Wein trinken, 3,90 € der Viertelliter, oder auch das Kölsch – leider kostet die kleine Stange 1,40 € –, drinnen es et billiger. Bei fast allen anderen Getränken gibt's auch den Biergartenaufschlag. Doch Kinder – und nicht nur die – fühlen sich hier pudelwohl.

> ≫ Das gute Essen, der gute Wein und natürlich das gepflegte Kölsch, das frische Weizen und der schöne Hof.≪

Zufrieden können auch die Gäste sein, die sich die Tagessuppe bestellt haben: z. B. eine Zucchinicremesuppe für 2,90 €. Der üppige griechische Bauernsalat ist für 8,- € zu haben oder Rinderfilet in Calvados mit Salat für 17,80 €. Und wenn hier ein Salat mit Pute

kommt, dann sind da auch richtige Streifen drauf. Ob kleine oder große Portion: Die einfache Küche schmeckt richtig lecker.

>> Man kann hier auch kleine Speisen essen, für den kleinen Hunger. Ja, lecker, ein guter Speckpfannekuchen, ich bin zufrieden. <<

Dat Pääd hät ze vill getrunke, e Kölsch ze vill, ich hab es nach Hause geschickt. Zum Schluss hat es noch gelallt »Auweiler am Rhein«. Und wirklich, es hat Recht, hier in der neuen, alten Mitte des Ortes, dem Dorfanger, floss früher der Rhein. Vor ca. 10 000 Jahren endete die letzte Eiszeit, und da breitete sich der Rhein bis zu 20 Kilometer aus. Von Chorweiler über Weiler bis Auweiler. Also lag und liegt Auweiler noch am Rhein.

## Pohlhof 🏠 ▲▲

50765 Köln, Auweiler, Pohlhofstr. 3 • Tel.: 0221/590 75 76 • www.pohlhof.de
Ö: Mo/Mi–Fr 16–23 Uhr, Sa 14–23 Uhr, So 10–23 Uhr, Di Ruhetag
Anfahrt mit KVB: Linie 126 bis Auweiler

### Krebbers Bewertung:

**Essen** ●●●●●○○
Die drei beliebtesten Gerichte:
• Pizza »Pohlhof Rustica« 7,80 €
• Griechischer Bauernsalat 8,- €
• Grillpfanne: verschiedene Steaks mit Bratkartoffeln 10,80 €

**Trinken** ●●●●●○○
• Kölsch 0,2 l  1,40 €
• Cola etc. 0,2 l  1,40 €
• Wasser 0,2 l  1,40 €
• Kaffee 2,- €
• Wein 0,25 l  ab 3,90 €

**Service** ●●●●●○○

**Ambiente** ●●●●●●●

# Schwimmbad

*Wenn ich im Rheine baden geh,*
*nur Wasser bis zur Wade seh.*
*Der Rhein ist leer, die Sonne heiß,*
*ich führe heute den Beweis,*
*man kann auch ohne Wasser baden.*
*Vom Dome weg, da gibt's nen Laden,*
*blau unter Blättern, ganz versteckt,*
*hab ich en Feuchtbiotop entdeckt.*
*Das ist das Schwimmbad – zum Ersaufen*
*in Kölsch – ich kann es mir hier kaufen.*
*Drum sitz ich unterm Blätterdach, ich bin wahrhaftig nicht zu schwach,*
*den Freitrinker, äh, den Freischwimmer zu probieren.*
*Im Kölsch, da kann man gut trainieren.*

**Trainingslager mit Rheinanschluss:** Die Getränke dazu sind vielfältig und günstig im Preis. 0,3 l Kölsch im Krug für den Papa kosten 1,90 €, für Kinder gibt's einen großen Spielplatz, wo früher das Schwimmbecken des Riehler Bades war.

>> Die Kinder spielen, wir sitzen hier, ruhig, ist also ideal für Großeltern. <<

Über 20 Flaschenbiere sind im Angebot – ob Schwarzbier, Doppelbock oder Pils. Selbstbedienung bei den Getränken: Das geht flott und hält die Preise niedrig. Wer's noch günstiger mag, bestellt das Kölsch im Zwei-Liter-Siphon – das ergibt 1,05 € für das kleine Glas.

>> Es ist hier sehr ungezwungen, und das Speisenangebot ist auch recht vielfältig. <<

Gebracht wird's von netten Kellnerinnen, bestellt und bezahlt an der Theke. Ob Calamares mit Pommes frites, Aioli und kleinem Salat für 7,50 € oder Schweineschnitzel mit Beilagen zum gleichen Preis: Kindern und Erwachsenen schmeckt die einfache Küche gut.

>> Essen hervorragend, und jeder kann es sich im Endeffekt leisten. <<

Die Krakauer mit Fritten kosten 4,40 €, der Salatteller mit Putenstreifen 7,50 €. Das Schwimmbad ist Ausflugsziel und Bierbecken für alle.

*Heut hab ich im kalten Kölsch gebadet,*
*das hat mir vielleicht doch geschadet.*
*Ich werde weiterhin besuchen, die*
*kölschen Biergärten, Lokale am Rhein,*
*mit Weizenbier und kühlem Wein.*
*Für euch, die Leser, ist mir nichts zu viel,*
*durch Kneipen mich kämpfen,*
*ob kühl oder schwül.*
*Im Kölsch, da bade ich noch ein wenig.*
*Im »Schwimmbad« bin ich*
*Freischwimmerkönig.*

---

## Schwimmbad

50735 Köln, Riehl, An der Schanz 2 a • Tel.: 0221/760 28 43 • Ö: Mo–Sa 12–23 Uhr, So 11–23 Uhr • Anfahrt mit KVB: Linie 18, 19 bis Boltensternstr.

**Krebbers Bewertung:**

**Essen** ●●●●●●○

Die drei beliebtesten Gerichte:
Sonntagsfrühstück von 4,50 € bis 9,- €
Chicken Wings mit Wedges und
Barbecuesoße 6,50 €
Salatteller mit Putenstreifen 7,50 €

**Trinken** ●●●●●●○
• Kölsch 0,3 l  1,90 €
• Cola etc. 0,3 l  1,90 €
• Wasser 0,3 l  1,70 €
• Kaffee 1,60 €
• Wein 0,2 l  ab 3,50 €

**Service** ●●●●●●○

**Ambiente** ●●●●●●●

# Zechengarten

**1830 han se in Düx am Rhing aangefange,** zick 1858 sin se hee en Kalk an der Haupstroß, de Sünners, Kölns älteste, noch produzierende Brauerei in Familienbesitz. Un dat Sudhaus es usserdäm Kölns ältestes Industriedenkmal. Die Inschrift »Zechenbrauerei« erinnert an die Braunkohlezeche Neu-Deutz. Bis 1850 wurde hier nach Kohle gebuddelt, jetz weed Kölsch gepött – em Zechegaade op der Schäl Sick.

≫ Vor allen Dingen quantitativ und qualitativ alles bestens, ja, Riesenportionen, und dat Wetter und die Bäume hier. Also, der Naturschatten, dat es för mich jet Besonderes. ≪

Weizen aus der Brauerei vor Ort wird hier gern getrunken, natürlich fließt das Kölsch flöck en de Stange fresch usem Faaß, den Wein gibt es im 0,2 l Glas für 3,80 €, das Kölsch zum reellen Preis von 1,30 € die Stange 0,2 l, und das sollte Vorbild für alle kölschen Biergärten sein.

≫ Das ist einer der wenigen vernünftigen Biergärten hier in der Gegend, das Rechtsrheinische ist ja nicht gerade mit Biergärten gesegnet. ≪

Täglich kütt et Brauhauskotelett op der Desch – 400 Gramm schwer mit Beilagen für 10,50 €. Et Lommi-Gedenk-Kotelett kann man sich auch wunderbar teilen.

≫ Köbesse sind nett, Köbesfrauen auch, et Einzige, wat mir hier fehlt, es ene Halve Hahn. ≪

Für den »kleinen Hunger« gibt es das Knabberbrett – Grillrippchen mit Kartoffelecken – zum Preis von 9,80 €, und och dat es genug för zwei. Wem das alles zu fleischig ist, der kann auch für 8,50 € en griechischen Bauernsalat bestellen, sich von Matjes mit Bratkartoffeln (8,50 €) oder einer Ofenkartoffel mit Sauerrahm (4,80 €) ernähren.

≫ *Ja, lecker Kölsch, lecker Essen un gemödlich.* ≪

Der »Zechengaade« es jo e Stöck Heimat för mich. Ich ben jo us dem Pott, von Doatmund wech. Dea Pütt, hia früa, der hat Schicht gemacht. Kam Wassa inne Grube und da war Hängen im Schacht. Dann ham se dat Ganze anne Brauerei vertickt, jetz kannze hia prima einen picheln und dir die Mampfe reinhauen. Kerr, hab ich en Brand. Leckomio, richtig töffte hia. Mach gut, schüskes, bissie Tage.

## Zechengarten 🏠

51103 Köln, Kalk, Kalker Hauptstr. 262–268 • Tel.: 0221/925 81 70
Ö: Mo–Sa 16–23 Uhr, So 12–23 Uhr (Apr.–Sept.) • Anfahrt mit KVB: Linie 1, 9 bis Kalk Kapelle

### Krebbers Bewertung:

**Essen** ●●●●●○

Die drei beliebtesten Gerichte:
• Heiße Ofenkartoffel mit Sauerrahm 4,80 €
• Zechengartensalat mit Putenbrust 8,50 €
• Sünners Knabberbrett: Spareribs mit Barbecuesoße und Wedges 9,80 €

**Trinken** ●●●●●●○
• Kölsch 0,2 l  1,30 €
• Cola etc. 0,2 l  2,- €
• Wasser 0,2 l  1,40 €
• Kaffee 1,60 €
• Wein 0,25 l  3,80 €

**Service** ●●●●●●●

**Ambiente** ●●●●●●○

Imbiss

# Buy Buy

**Geheimnisvolle Figuren wachen im Haus an der Aachener Straße über die Gäste.** Dat sin die kölsche Hausgeister vum Buy Buy. Bollywood auf dem Bildschirm, indische Küche auf dem Teller. Das Buy Buy kocht in heißer Pfanne jedes Gericht immer frisch, ob Curry oder Chutney, zum Hier-Essen oder Mitnehmen. Die indischen Chefs sind gastfreundlich und haben statt einer Fastfood- eine schnelle Slowfoodküche aufgemacht.

≫ Super Essen, schnelle Bedienung, kann man weiterempfehlen. ≪

Auf dem Teller landen auch vegetarische Spezialitäten wie Samosa – gefüllte Teigtaschen und Pakora – mariniertes, frittiertes Gemüse. Diese Art von Küche ist bei den Gästen sehr beliebt.

≫ Die Kellner sind total nett, das Essen ist total lecker, und die Sachen, die man hier bekommt, bekommt man nirgendwo anders. ≪

Alle Gerichte, die hier serviert werden, kosten nicht mehr als 5,90 €. Chicken, also Huhn, und die vegetarischen Speisen bekommt man schon für 4,90 €. Die Portionen sind groß, um nicht zu sagen großzügig bemessen.

≫ Das Essen schmeckt eigentlich immer, das Personal ist sehr freundlich, und es ist vor allen Dingen bezahlbar. ≪

Palak Paneer – hausgemachter Hüttenkäse mit Spinat (ganz ohne Fleisch) ist eines der beliebtesten Gerichte. Und wer das alles nicht

mag, kann auch Pizza oder Schnitzel bestellen. Obwohl er dann um den Genuss der ausgezeichneten indischen Spezialitäten kommen würde. Getrunken wird neben Cola, Wasser oder Bier auch Lassi – die salzige oder süße Sauermilch auf indische Art.

>> Wir fliegen am Samstag nach Indien, für drei Wochen, und deswegen wollten wir vorher noch mal so richtig lecker indisch essen. <<

47 —

Kölle un Indie han vill gemeinsam. Sehen wir Bollywood, denken wir an Hollymünd. Em Auguss 2005 wor der Rhing der Ganges … vill Minsche han sich naaße Föß geholt, för der Benedikt. Wat en Indie de hellige Köh sin, sin bei uns de hellige Künninge. Apropos Essen, Alo-Tiki sind die Indischen Rievkooche – Frikadellen und King Fisher ist das indische Kölsch.

Rajikekauh! – Guten Appetit!

Buy Buy 🌐
50674 Köln, Belgisches Viertel, Aachenerstr. 16 • Tel.: 0221/949 67 25
Ö: Mo–Fr 11–24 Uhr, Sa 13–24 Uhr, So 15–24 Uhr • Anfahrt mit KVB:
Linie 1, 6, 7, 12, 15 bis Rudolfplatz

**Krebbers Bewertung:**

**Essen** ●●●●●●○

Die drei beliebtesten Gerichte:
Chicken Korma mit Kokosnusssoße, Mandeln, indischen Gewürzen 4,90 €
Chicken Galfrezi mit Zwiebeln, Paprika, Tomaten 4,90 €
Palak Paneer – hausgemachter Hüttenkäse mit Spinat 4,90 €

**Trinken** ●●●●●○○
• Kölsch 0,3 l  1,80 €
• Cola etc. 0,33 l  1,20 €
• Wasser 0,33 l  1,20 €
• Kaffee 1,60 €
• Wein 0,2 l  2,50 €

**Service** ●●●●●●○

**Ambiente** ●●●●●○○

**3Frits**

**Die kleine Brinkgasse.** Bis Anfang der 1970er Jahre war in der Seitenstraße der Ehrenstraße Kölns Bordell Nr. 1. Früher Puff em Veedel, hügg schick un edel. Dazu passt auch die Frittebud: Designer Fastfood im 3Frits.

Erstmal ist alles so wie in einer normalen Frittenbude: Aber die Fritten gibt es smart, d. h. dünn oder rustikal = dick, auch zum Mitnehmen. In diesem Lokal wird die Currywurst auf weißem Porzellan serviert, für 2,30 € das Stück – ob thüringisch, normal gewürzt oder aus Geflügelfleisch.

≫ Ich möcht' noch eine essen, die war so lecker. ≪

Und das Wichtigste: Die Würste schmecken richtig lecker. Die scharfe, selbst gemachte Sauce passt auch zu den Fritten und weckt den Wunsch nach mehr. Und das ist zu haben: fünf vegetarische Frühlingsrollen oder auch – für den Feinschmecker unter den Wurstfans – die gegrillten Jacobsmuscheln.

≫ Das Besondere ist für mich, dass ich meine Currywurst in einer gepflegten Atmosphäre essen kann. ≪

Das Rindersteak kostet nur 6,70 €. Salat kann man auch bestellen oder von den zahlreichen selbst gemachten Saucen naschen. Fritten und Aioli: ach, wunderbar!

Kölsch gibt's für 2,30 € und Cola für 2,- € in der 0,33 l Flasche. Der Espresso ist für 1,50 € zu haben, und ganz mondän kann man auch Prosecco zu seiner Wurst verkosten.

»Lange Samstag en der City, Papp un Mamm, die gonn mem Titti, Stauung an ner Frittebud, denn Fritte schmecke immer god.«

## 3Frits ☼

50672 Köln, Innenstadt, Ehrenstr. 43c/Ecke Große Brinkgasse
Tel.: 0221/258 95 12 • www.3frits.de • Ö: Mo–Do 12–22 Uhr, Fr/Sa 12–24 Uhr, So Ruhetag • Anfahrt mit KVB: Linie 1, 6, 7, 12, 15 bis Rudolfplatz

### Krebbers Bewertung:

**Essen** ●●●●●●○
Die drei beliebtesten Gerichte:
• Fritten smart oder rustikal 2,10 €
• Currywurst 2,60 €
• Rindersteak 6,20 €

**Trinken** ●●●●●○○
• Kölsch 0,33 l  2,30 €
• Cola etc. 0,33 l  2,- €
• Wasser 0,25 l  1,70 €
• Kaffee 1,70 €
• Wein 0,15 l  ab 2,50 €
• Prosecco 0,1 l  3,- €

**Service** ●●●●●●○

**Ambiente** ●●●●●○○

# Eckart
# fleischerei und speisen

**Wenn der Tenor Appetit bekommt,** wenn der Kaffeeröster vun nevvenaan Heißhunger hat, wenn im WDR Mittagspause ist – also praktisch immer zwischen 11 und 15 Uhr –, dann gehen fast alle hier hin, zu Eckart, dem Metzger, 40 Jahre in Köln, in der vierten Generation.

Frische Wööschcher vum Fleischer, die Schnellküche im Eingangsbereich bietet dem eiligen Gast einiges: von der tollen Currywurst für 2,10 € bis zur Frikadelle mit Fritten und selbst gemachter Majo für 3,60 €, aber auch frische Salate und die schnell belegten Brötchen nach Wahl: Das Mettbrötchen kostet 1,50 €.

>> Der Eckart ist frisch, die Bedienung ist toll, und die Leute, für die ich das mitbringe, die freuen sich schon drauf. <<

Der Fleischer Eckart stellt alles noch selbst her, und das honorieren die Stammgäste mit ihrem regelmäßigen Besuch. Im hinteren Teil des Imbiss' gehen die täglich wechselnden Stammgerichte sehr gut: ein Kotelett mit Kohlrabi oder auch der Fleischkäse mit Salat für 4,- €. Der Krautsalat aus eigener Herstellung schmeckt wunderbar, nur sind die Preise auch höher als en ener normale Frittebud.

>> Ich geh hier regelmäßig hin. Mittags ist's gut, Hausmannskost. <<

Ein Tagesgericht, wie Kohlroulade mit Salzkartoffeln, kostet 6,60 €, und für die Liebhaber von Suppen gibt es immer wieder mal für 3,90 € en Äädäppelszupp. Sonderwünsche wie die drei Rievkooche met Wööschcher werden auch erfüllt, aber es gibt sie auch normal mit Appelmus für 3,90 €.

>> Frisch gekocht, freundliche Bedienung, schmackhaft. <<

Die vegetarischen Tortellini kann man für 4,60 € haben und sogar ein Glas Wein dazu trinken. Die Getränke gibt es ansonsten nur in der Flasche – auch das Kölsch – und günstig.

>> Für mich ist das 'ne Alternative zum täglichen Kantinenessen. <<

Frikadelle nennt der Kölner jo och Elefanteköttel. Dat litt dodran, dat hä die immer em Elefantepark süht. Oder er nennt sie auch Tibet-Brüdcher, weil keiner weiß, welche exotischen Zutaten da drin sind. Aber die

sauberen Zutaten dafür gibt es alle hier in der Fleischerei Eckart. Ob Gebratenes, Schlot, Zauß oder Gemös, beim Eckart ist immer alles delikat, och Woosch, Kamenat, Suurbrode, Hämmcher, hee gitt et alles flöck parat.

---

**Eckart**
50667 Köln, Innenstadt, Neue Langgasse 4 • Tel.: 0221/258 01 45
www.fleischerei-eckart.de • Ö: Mo–Fr 7–18.30 Uhr, Sa 10–16 Uhr, So Ruhetag
Anfahrt mit KVB: Linie 3, 4, 5, 16, 17, 18, 19 Appellhofplatz

**Krebbers Bewertung:**

**Essen** ●●●●●●○
Die drei beliebtesten Gerichte:
• Currywurst und Fritten 3,80 €
• Rievkooche met Appelmus (Di/Do) 3,90 €
• Tagesgerichte ab 3,60 €

**Trinken** ●●●●●○○
• Kölsch 0,33 l  1,50 €
• Cola etc. 0,33 l  1,30 €
• Wasser 0,5 l  1,50 €
• Kaffee 1,50 €
• Wein 0,2 l  ab 3,30 €

**Service** ●●●●●●●

**Ambiente** ●●●●●○○

# Frisch

**High noon, Essenszeit. Für den Vielfraß mit robuster Magenschleimhaut: Fritten und Kölsch.** Für die eilige Nahrungsaufnahme: Hamburger und Cola. Für den spartanisch Sparsamen: en Botterram un ene Schluck Kölnisch Wasser.

Aber es geht auch frisch: billi*sch*, nit fetti*sch*, ov vegetari*sch* oder fleischli*sch*. Es sieht aus wie eine Mischung aus gehobenem Imbiss und einfachem Bistro. Mittendrin die Theke mit dem Herd und den frischen Zutaten. Die Gäste können beim Kochen zugucken. Für gute Entlüftung ist gesorgt. Viele nehmen sich ihr Gericht direkt mit. Denn einigen ist es hintendurch zu eng und zu laut. Aber das bringt die schnelle Mittagspause hier mit sich.

》 Das Essen ist sehr gut, qualitativ und vor allem auch vom Preisverhältnis. 《

Echt schmackhaftes Essen mit einem leichten Wein oder der Spezialität des Hauses: Die Fruchtsäfte hier sind der Hit. Der »Frühstarter« ersetzt ein komplettes Frühstück. Und der »Ananastraum«: Frischer Ananas- und O-Saft – lecker!

Da kann man glatt vergessen, dass es hier auch Kölsch – aus der Flasche – gibt. Spezialität sind die asiatisch angehauchten Nudelsuppen.

》 Also ich mag gern die Suppen, die sind sehr vielseitig, also vegetarisch oder auch mit Fleisch. 《

Innerhalb von Minuten ist alles fertig. Üppige Salate gibt's für 4,20 €, und die Chefs hier kreieren immer wieder neue Aufläufe.

>> Die haben auch Lust hier, für die Leute zu kochen und was zu machen. <<

Schnell essen, heißt eben nicht nur fettig, kalorienreich und ungesund zu speisen. Die Gäste lieben die schnelle Art der frischen Ernährung.

>> Und die freundliche Bedienung, Dirk und Oliver, ja. <<

Frisch – der Name der Lokalität es ganz programmatisch. Ävver et wör jo och ganz kritisch, wann bei Fresch der Fesch nit ganz fresch op der Desch köm.

## Frisch

50668 Köln, Nordstadt, Johannisstr. 82 • Tel.: 0221/139 32 27
Ö: Mo–Do 8–17 Uhr, Fr 8–16 Uhr • Anfahrt mit KVB: Linie 5, 16, 17, 18, 19 bis Breslauerplatz

### Krebbers Bewertung:

**Essen** ●●●●●○

Die drei beliebtesten Gerichte::
- Tagessuppe (z. B. Avocadocreme) 4,20 €
- Salat »Pute« 5,20 €
- Nudelsuppe, asiatisch mit unterschiedlichen Beilagen 4,40 € bis 5,- €

**Trinken** ●●●●●●○
- Kölsch 0,33 l  1,80 €
- Cola etc. 0,2 l  1,30 €
- Wasser 0,2 l  1,30 €
- Kaffee 1,55 €
- Wein 0,2 l  ab 2,35 €

**Service** ●●●●●●○

**Ambiente** ●●●●●○○

# immer essen

**Was mache ich immer am Freitag?** Immer trinken, meistens Kölsch. Immer essen, alles, wat schmeck. An der Venloer Straße hat und kann man immer essen. Frühstück, Mittag und Abendbrot. Von morgens bis abends satt und dick werden. Nein, nur leichte Küche, kaum Fleisch. Suppen, Brote und Salate – im immer essen. Vor Ort werden Stullen geschmiert. Das spezielle Brot liefert dazu die Bäckerei Brockmann aus der Apostelnstraße, die sechs verschiedenen Aufstriche, wie Paprika-Chorizo, werden selbst hergestellt.

» Also, ich find es schön, dass man so viele unterschiedliche Brotsorten hat und mit leckeren Aufstrichen. «

Das ist das Geheimnis von diesem Lokal: Der Chef ist Koch von Beruf und bietet eine ausgefallene, gesunde und günstige Küche an. Die einfache Schnitte kostet 1,30 €, die doppelte 1,80 €. Jeden Tag werden zwei Suppen gekocht: z. B. thailändisch Kokos-Hühner- und traditionelle Käse-Lauch-Suppe. Die kleine Kump kostet 2,50 €, die große – fast ein halber Liter – 4,- €.

» Es sind sehr gute Suppen hier, immer frisch, und jeden Tag bekommt man was Neues, und - es ist sehr günstig. «

Backkartoffeln werden mit den hausgemachten Pasten und Salat für 3,50 € serviert.

» Fast Food auf höchstem Niveau, optimal. «

Dieses Lokal: eine stimmige Komposition zwischen kleinen, guten Mahlzeiten, schöner Einrichtung und ansprechender Dekoration.

>> Ich mag die Atmosphäre hier, das finde ich sehr schön, und das ist mal was Außergewöhnliches mit den Broten und so. <<

Mittags ist der Andrang schon groß, aber einen Platz bekommt man schnell, und die Getränke kosten auch nicht viel: Orangina 1,80 €, Cola schon für 1,30 €, Milchkaffee 1,60 €, das Kölsch gibt's leider nur aus der Flasche – aber ein leckeres Butterbrot macht Wangen rot, und deshalb ist im immer essen immer Brotzeit.

Peter und Willi Millowitsch haben mal für »die gute Botteram« geworben. Hee gitt et die gode Botterramm, die Klappstulle, die Schnitte, dat Karo auch zum Mitnehmen en der Tüt. Und wenn Ihnen das alles nicht reicht, können Sie auch das Geschirr und den Stuhl kaufen und mitnehmen. Und so kann man überall entspannt immer essen.

>> Es ist auf jeden Fall 'ne sehr gute Alternative zur sonstigen Mittagsküche hier. <<

---

**immer essen**
50823 Köln, Ehrenfeld, Venloerstr. 206 • Tel.: 0221/356 96 32
Ö: Mo–Fr 8–22 Uhr, Sa 10–22 Uhr, So Ruhetag • Anfahrt mit KVB: Linie 3, 4 bis Piusstr.

**Krebbers Bewertung:**

**Essen** ●●●●●●●○
Die drei beliebtesten Gerichte:
• Brot mit hausgemachter Paste (einfach) 1,30 €, (Klappstulle) 1,80 €
• Backkartoffeln mit Paste 3,50 €
• Tagessuppen 2,50 € bis 4,- €

**Trinken** ●●●●●●○
• Kölsch 0,33 l  1,70 €
• Cola etc. 0,2 l  1,30 €
• Wasser 0,25 l  1,30 €
• Kaffee 1,30 €

**Service** ●●●●●●●

**Ambiente** ●●●●●●●

# King Wah

Das King Wah ist ein Familienbetrieb: Da gibt's kein Fast Food, aber schnell gutes Essen.

>> Die Preise sind sehr akkurat, ist schon klasse hier. <<

Man bestellt, und nur fünf Minuten später hat man das Essen auf dem Tisch: z. B. Bami Goreng für 5,80 €. Zu jedem Mittagessen gibt es die Sauer-scharf-Suppe nach Peking Art oder wahlweise eine Frühlingsrolle.

>> Ich find' es sehr reichhaltig,
und die Suppe, die find' ich superlecker. <<

Frisch, absolut frisch sind die Zutaten und werden für jedes Gericht speziell zusammengestellt. Gewürze dazu, ab in den Wok und rühren, rühren, rühren.

>> Man sieht auch, was zusammen gemischt wird, und es ist
halt frisch und schmeckt sehr gut. <<

Alle Gerichte sind auch zum Mitnehmen. In der Warmhaltepackung bleiben sie prima heiß, und die Portionen sind üppig wie die auf dem Teller.

>> Also, die Portionen sind sehr groß, man kann sie sich
schon mal teilen, und das ist sehr gut. <<

Beliebt sind auch das Curryhuhn oder Rindfleisch nach Szechuan Art, beides für 6,20 €. Die Getränke holt man sich selbst aus dem Kühlschrank, bezahlt aber auch nur 1,10 € für die Cola und 1,30 € für das Kölsch.

Natürlich gibt es hier im King Wah zum Abschied auch chinesische Glückskekse. Im 13. Jahrhundert hatten die Mongolen China besetzt. Die Chinesen wollten einen Aufstand organisieren, doch wie informiert man ein ganzes Volk ohne Telefon, ohne Handy, ohne E-Mail? Und dazu noch ganz geheim. Genau: Das war die Geburtsstunde der Glückskekse.

»Es lohnt sich, einen flüchtigen Gedanken zu verfolgen.«

## King Wah
50672 Köln, Belgisches Viertel, Maastrichterstr. 4 • Tel.: 0221/25 27 93
Ö: Mo–Sa 12–23.30 Uhr, So 15–23.30 Uhr • Anfahrt mit KVB: Linie 1, 6, 7, 12, 15 bis Rudolfplatz

**Krebbers Bewertung:**

**Essen** ●●●●●●○

Die drei beliebtesten Gerichte:
• Hühnerfleisch Curry 6,20 €
• Rindfleisch Szechuan Art 6,20 €
• Geröstete Ente »Peking« 7,80 €

**Trinken** ●●●●○●●

• Kölsch 0,33 l  1,30 €
• Cola etc. 0,2 l  1,10 €
• Wasser 0,25 l  1,10 €
• Pflaumenwein 0,2 l  3,50 €

**Service** ●●●●●●○

**Ambiente** ●●●●○●●

# Kitchenette

»Trautes Heim, Glück allein« – das ist der Spruch an der Wand des über 100 Jahre alten Hauses in der Gladbacherstraße 15. In diesem trauten Heim befindet sich das Kitchenette. »Kitchen« ist englisch und heißt »Küche«. Kitchenette heißt aber nicht die nette, sondern die kleine Küche. Obwohl et do och ganz nett es.

>> Ach, ich find es so schön von den Farben, und das große Fenster, man kann raus gucken, ist einfach ein klasse Lokal.<<

Leckeren Kaffee und Tee gibt es nicht nur zum Frühstück und – frisch gepresste Säfte, aber keine Cola und keinen Alkohol. Dieser Stehimbiss ist die gesunde Alternative zur fettigen Frittenbude. Ein paar Tische, eine Theke und ganz viele leckere Gerichte zu günstigen Preisen. Täglich bekommt man Pasta mit selbst gemachten Soßen für 5,50 €, für Vegetarier gibt es z. B. Rosmarinkartoffeln für 6,- € und für Nichtvegetarier libanesische Fleischbällchen in einer Yoghurt-Minz-Soße für 7,- €.

>> Es ist 'ne sehr abwechslungsreiche Küche, sehr frische Küche, und es schmeckt mir sehr gut von den Gewürzen her.<<

Die Leute aus dem Viertel, ob sie nun hier wohnen oder arbeiten, stürmen ab 13 Uhr das Kitchenette. Aber durch prompte Bedienung und ein bisschen Zusammenrücken ist die Atmosphäre absolut entspannt. Wie zu Hause werden die Teller durchgereicht, und ein großer Teil der Gäste lässt sich die tollen Salate und die anderen Gerichte einpacken.

>> Es ist superlecker, nur empfehlenswert. <<

Das Veedel schwört auf seine kleine, feine Küche.

>> Ist einfach liebevoll gemacht. Ich könnt' hier jeden Tag essen gehen. <<

Das Lokal ist ja eigentlich eine Kochnische, in der aber gar nicht

gekocht wird, sondern das passiert hinten in der Küche, und die ist doppelt so groß wie das Lokal. Bei dem Andrang müsste man eigentlich tuusche. Ävver leever en große, god funktionierende Köch un vörre kuschelig zusammenröcke. Denn wie säht der Kölsche? – Eng es gemödlich.

## Kitchenette

50672 Köln, Innenstadt, Gladbacherstr. 15 • Tel.: 0221/660 66 03
Ö: Mo–Fr 8–19 Uhr, Sa/So Ruhetag • Anfahrt mit KVB: Linie 6, 12, 15 bis Christophstr.

## Krebbers Bewertung:

**Essen** ●●●●●●●○

Die drei beliebtesten Gerichte:
- Verschiedene Pasta und selbst gemachtes Pesto 5,50 €
- drei verschiedene Salate (3,80 €) bzw. fünf verschiedene Salate (5,80 €)
- Fleisch- oder Fischgerichte ab 8,- €

**Trinken** ●●●●●○
- Wasser 0,2 l  1,30 €
- Kaffee 1,60 €
- frisch gepresste Säfte 0,2 l  2,30 €

**Service** ●●●●●●○

**Ambiente** ●●●●●●○

# Sam's Nüdelchen

**New York, Rio, Tokio, hin reist der Kölner sowieso.** Noh Kalk, Düx un Ihrefeld kütt jo jetz die ganze Welt. Dat wor fröher schon esu, denn an der Ecke Venloerstraße/Gürtel war das Restaurant »Strohhut« über die Grenzen Kölns für sing Rievkoche bekannt. Jetzt beschränkt sich die Internationalität auf einen Fleischklops-Imbiss. Dazwischen gibt es seit 16 Jahren ein Restaurant in guter »Strohhut«-Tradition – »Sam's Nüdelchen«. Da werden in der offenen Küche nicht nur die Nüdelchen frisch zubereitet, der Chef und seine Köche wollen die Ehrenfelder mit einer abwechslungsreichen Karte versorgen – von den Vorspeisen über die Salate bis zu den Spaghetti alio olio für gute 5,10 € oder den Penne mit Schinken für 6,20 €.

>> Wenn ich schon mal zu faul bin zum Kochen, dann komm ich immer hier hin. <<

Die Preise sind wirklich niedrig und die Calamari oder der große Salat mit Putenbrust – nur zu empfehlen, wie alles andere auch. Den großen Vorspeisenteller für 7,90 € kann man sich auch teilen.

>> Sehr familiäre Atmosphäre, Preis-Leistungs-Verhältnis stimmt auch. <<

Das Holzfällersteak mit Bratkartoffeln gibt's für 8,- €, die Penne marinara für 7,70 €. Der Lachs-Gambas-Spieß auf scharfer Gemüsetagliatelle kostet nur 9,90 €, und alles bekommt man auch für ze Huss.

>> Man kann hier super gut essen, also ich komme sehr gerne hier her, und es ist auch sehr schön bunt hier. <<

Den Wein des Monats – ob Rot oder Weiß – gibt es aus einer Auswahl an internationalen Weinen. Die nichtalkoholischen Getränke werden im 0,3 l Glas serviert, die Apfelschorle für 2,20 €. Man kann aber auch – wie beim Kölsch – das 0,2 l Glas bestellen. Und das ist sogar noch günstiger – 1,30 € die Stange. Wunderbar ist das Tiramisu zum Abschluss einer leckeren Mahlzeit in Sam's Nüdelchen.

>> Egal, wie groß die Gruppe ist, ich kann hier immer à la carte bestellen, und es wird einfach zügig serviert. <<

Et Sams hät immer Appetit, vielleicht kommen Sie hier hin zu dritt. Herr Taschenbier ist Sams Papa, Paul Maar, der Schriftsteller, dat es klar. Die Drei könnten täglich hier frisch essen, Kölsch und den Wein nicht zu vergessen. Auch ohne Wunschpunkte im Gesicht, bekommt man hier fast jedes Gericht. Eine Woche voller Sams-Tage, die gitt et hee, ganz ohne Frage.

>> Ich schätze einfach die Ehrenfelder Atmosphäre, und man sollte solche Geschäfte und solche Läden einfach unterstützen. <<

## Sam's Nüdelchen

50823 Köln, Ehrenfeld, Venloerstr. 342 • Tel.: 0221/52 95 60
www.sams-nuedelchen.de • Ö: Mo–Sa 11–23 Uhr, So 12–23 Uhr
Anfahrt mit KVB: Linie 3, 4, 13 bis Venloerstr./Gürtel

### Krebbers Bewertung:

**Essen** ●●●●●●●
Die drei beliebtesten Gerichte:
• Großer Vorspeisenteller 7,90 €
• Penne Chicken Curry 8,10 €
• Holzfällersteak mit Zwiebeln, Kräuterbutter und Bratkartoffeln 8,- €

**Trinken** ●●●●●○
• Kölsch 0,2 l  1,30 €
• Cola etc. 0,2 l  1,40 €
• Wasser 0,2 l  1,20 €
• Kaffee 1,60 €
• Wein 0,15 l  ab 2,90 €

**Service** ●●●●●●●

**Ambiente** ●●●●●○○

# Speisemeister

De Subbelrother Stroß – 1840 lebten hier 32 Menschen in drei Ortschaften: Kloster Mechtern, Subbelrather Hof und Ziegelfeld. Daraus wurde Ehrenfeld, das 1875 sogar Stadtstatus erhielt, und 13 Jahre später fand die Eingemeindung nach Köln statt. Aber Ehrenfeld wuchs und wuchs … 62 Meter hoch, so der Turm von St. Peter, der »Ehrenfelder Dom«.

Um 1900 haben viele Metzger hier Häuser bauen lassen. Durch die »Wurstbrigade« entstand auch im Jahr 1911 die Nummer 295. Lange war dort die Metzgerei Klaus, jetzt residiert hier der Speisemeister. Und der serviert einen Milchkaffe für nur 1,50 €, Apfelschorle und Wasser kosten 1,- €, und die übrigen Getränke sind auch unschlagbar billig.

» Die haben sehr guten Kaffee, und günstig ist der auch, der ist billiger als im Café. «

Es wird kein Alkohol ausgeschenkt, aber den ganzen Tag über kommen die Gäste in erster Linie wegen der wunderbaren Speisen. Täglich gibt es wechselnde Gerichte, auch Vegetarisches, frisch gekocht und liebevoll angerichtet, natürlich alles zum Mitnehmen und das zu unglaublich günstigen Preisen.

>> Wenn man mal keine Zeit hat
zu kochen, dann kann man
sich hier was ganz Feines
holen. <<

Zwischen 2,50 € und 7,50 € pro
Gericht lässt es sich hier fabelhaft
speisen: z. B. Hähnchenroulade mit
Kräutersenffüllung, Gratin und Salat (7,50 €). Und wo bekommt man
Chicorée gefüllt mit karamelisier-
tem Sauerkraut, Spätzle und steiri-
schem Bergkäse für 5,50 €.

>> Ich habe abgenommen, ein
paar Kilo, weil mir dieses
Essen sehr gut bekommt, die Salate sind auch unterschiedlich. <<

Die scharfen Lammhackbällchen auf Linsencurry kosten 7,- €, und
die thailändische Zitronengrassuppe mit Huhn wird für 3,- € serviert. Das ist Essgenuss vom Feinsten.

>> Wir kommen jeden Mittag hierhin, weil es superlecker
ist und immer frisch gemacht wird und es einfach ein
Top-Lokal für Ehrenfeld ist. <<

Et gitt der Kellermeister för der Wing, der Bäckermeister för et
Brud – un der Speisemeister? Ja, es handelt sich nicht um den Kü-
chenmeister, der heißt ja Koch.

Im Mittelalter war der Speisemeister eine Art Oberkellner, zu-
ständig für die permanente Verteilung von Speisen und Getränken
bei Banketten, Festen und Gelagen. Durch seinen Mund gingen die
Speisen zuerst, der Vorkoster für alles, was auf den Tisch kam.
Schöner Job, kann aber auch tödlich sein, zom Glück hee ävver nit.

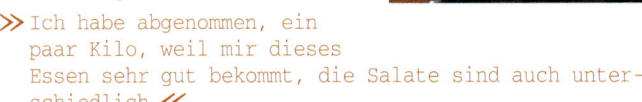

**Speisemeister** 🏠
0825 Köln, Ehrenfeld, Subbelratherstr. 295 • Tel.: 0221/250 77 62
www. speisemeister.net • Ö: Mo–Fr 12–18 Uhr, Sa 12–15 Uhr, So Ruhetag
Anfahrt mit KVB: Linie 5, 13 bis Subbelratherstr./Gürtel

**Krebbers Bewertung:**

**Essen** ●●●●●●○
Die drei beliebtesten Gerichte:
Sauerkraut-Quiche und Salat 3,50 €
Rheinischer Sauerbraten mit Semmel-
knödeln und Rotkohl 7,50 €
Mousse au Chocolat 2,- €

**Trinken** ●●●●●○
• Cola etc. 0,3 l  1,40 €
• Wasser 0,2 l  1,- €
• Kaffee 1,- €

**Service** ●●●●●●●

**Ambiente** ●●●●●●○

# Türkischer Basar

**Weg von der Hahnepooz, am Ende des Rudolfplatzes,** neben der schönsten Neonwerbung, seit es Kölsch gibt – die Reissdorf-Figuren: »Er trinkt… Sie trinkt…« –, im Schatten des Crown-Plaza-Hotels (das schöne, alte Opernhaus, dat hee stundt, han se leider nohm Kreeg avgeresse) litt tirek gägenüvver vum »Türkische Basar« – »Türkiye Pazari«: täglich Morgenland und Abendland in Kölle, von 8 Uhr früh bis 1 Uhr nachts. Zu jeder Tageszeit drehen sich hier die Spieße, werden Lamm-, Kalb- oder Hähnchendöner zubereitet. Ein Familienbetrieb, der seit 35 Jahren in der Händelstraße Bestand hat. Natürlich wird noch mehr als nur das einfache Dönersandwich mit Salat für 2,80 € angeboten.

>> Es wird sehr gut gekocht hier, es könnte nur vielleicht ein bisschen heißer sein, das Essen, aber sonst ist's super.<<

Mittags steht man hier auch gerne mal Schlange für ganz unterschiedliche, schmackhafte Gerichte: Kalbsgulasch mit Gemüse und Basmatireis für 5,- €, mittwochs gibt es immer Hähnchenkeule mit Beilagen für 6,- €, oder man lässt sich Auberginen mit Lammhack und einer Gemüseportion auf den Teller geben (4,80 €).

>> Die nette Atmosphäre, die freundliche Bedienung, das leckere Essen, und die Preise sind zivil. <<

Vom Grill kommen Hähnchenspieß oder Lammkotelett mit allen Beilagen für 7,- € bzw. 7,80 €. Und trinken kann man türkisches Bier, Kölsch, Tee – alles zu mäßigen Preisen. Es gibt wunderbare kleine Vorspeisen oder üppige Portionen; für jeden Geschmack und Appetit ist etwas dabei. Und zum Nachtisch sollte man den Kuchen aus der eigenen Herstellung kosten: wunderbar im Türkischen Basar.

>> Man kriegt ordentliche Portionen, man wird fair behandelt, es ist immer freundliches Personal hier, macht einfach Spaß, hier zu essen. <<

Das hier war der erste türkische Imbiss in Köln. Ab 1970 erfuhr der Kölner, dass es außer Blodwoosch, Kölsch un enem lecker Mädche och noch Döner, Raki un klein Lädcher gov. Der türkische Tante Emma-, sozusagen ein Tante Ayshe-Laden, bietet alles: selbst gemachtes Gebäck und Brot, Fleisch un fresch Gemös. Also entweder vorne lecker essen oder sich an der Theke das Rezept geben lassen und mit den Zutaten von hier zu Hause alles nachkochen.

Afiyet olsun, guten Appetit.

## Türkischer Basar 🌐

50674 Köln, Innenstadt, Händelstr. 51 • Tel.: 0221/25 26 74 • Ö: tägl. 8–1 Uhr
Anfahrt mit KVB: Linie 1, 7, 6, 12,15 bis Rudolfplatz

### Krebbers Bewertung:

**Essen** ●●●●●●○
Die drei beliebtesten Gerichte:
Dönersandwich mit Salat 2,80 €
Auberginen mit Lammhack 4,80 €
Kalbsgulasch mit Gemüse und Kartoffeln 5,- €

**Trinken** ●●●●●○○
• Kölsch 0,5 l 1,50 €
• Cola etc. 0,33 l 1,20 €
• Wasser 0,33 l 1,20 €
• Tee -,50 €
• Wein 0,2 l ab 2,30 €

**Service** ●●●●●●●

**Ambiente** ●●●●●●○

Inter-
national

# Bei Bepi

**Bei Bepi trafen sich Redakteure und Reporter, Kameraleute und Fotografen** vom WDR und Stadtanzeiger, als der Verlag noch in der Breite Str. war. Giuseppe Valenti, genannt Bepi – vor 43 Jahren ebenso wie heute – immer vor und hinter der Theke zu finden, ist der perfekte Gastgeber.

>> Wir kommen schon seit 23 Jahren hier her, unsere Kinder sind hier groß geworden und lieben das. <<

Ein kleiner Roter für zwischendurch, die Stammgäste treffen sich auf ein Schwätzchen. Der Espresso fließt, Menschen vom Theater und Geschäftsleute, WDR-Angestellte und Künstler bevölkern die Szene.

>> Gute Küche, und hier ist jeder gleich, ob er Regisseur, ob er Schauspieler, ob er Fernsehstar oder normal ist. <<

Und Karl-Heinz Schroers hat nicht nur die Speisekarte entworfen. An der Wand hängen seine Karikaturen, die er jahrelang zum größten Teil auf Bierdeckeln im Bepi skizziert hat. Da hängt der von der Lippe neben dem unbekannten Gast, der Zeitungsreporter neben dem schrägen Künstler.

>> Bepi als Mäzen von Künstlern hier in Köln?! <<

>> Ja, ja, hab ich schon ein paar geholfen, stimmt. <<

>> Und wenn sie nur einen Kaffee gekriegt haben … <<

>> Ja, schon ein bisschen mehr, ein paar Spaghetti auch. <<

Die Kneipe als Kunstgalerie: mittags ist der Stau programmiert, aber die Wartezeiten auf einen freien Tisch sind nur kurz, und die Versorgung mit Pizza und Pasta klappt auch bei großem Andrang. Manche Gerichte sind einen Tick zu teuer, aber die Qualität der Speisen ist prima – »cucina italiana«.

>> Ich gehe hier her und nehme nicht ab, weil ich so viel esse. <<

Für viele Gäste ist Bepi eine Institution.

>> Über 40 Jahre Kontinuität. <<

Seit Jahren esse ich hier Maccaroni al forno, bei jedem Wetter, die sind einfach lecker. Bepi ist nicht in, Bepi ist einfach nur da!

## Bei Bepi ☼

50667 Köln, Innenstadt, Breite Str. 85 • Tel.: 0221/257 63 70
Ö: Mo–Sa 11–23 Uhr, So Ruhetag • Anfahrt mit KVB: Linie 3, 4, 5, 16, 17, 18, 19 bis Appellhofplatz

## Krebbers Bewertung:

**Essen** ●●●●●●○

Die drei beliebtesten Gerichte:
Pizza prosciutto 7,40 €
Maccheroni al forno 7,90 €
Calamari fritti 9,60 €

**Trinken** ●●●●●○○
• Kölsch 0,2 l  1,30 €
• Cola etc. 0,2 l  1,80 €
• Wasser 0,2 l  1,80 €
• Kaffee 1,80 €
• Wein 0,1 l  ab 2,20 €

**Service** ●●●●●○○

**Ambiente** ●●●●●●○

# Bento Box

»Pass op, Jung, ich kann Mikado, do küss gar nit an mich raan ...« Vor Jahren haben die Fööss und einige wenige japanische Restaurants den Kölnern Japan näher gebracht. Mittlerweile gibt es viele Sushi-Läden, und eine Variante davon heißt Bento Box.

In der Butterbrotdose bewahren wir unsere dröge Zwischenmahlzeit auf. Botteramm, schön parat gemaht, ävver de Japaner kennen do jet Besseres. Bento ist das traditionelle japanische Pausenbrot. Hier in der Bento Box finden wir die wunderbare Abwandlung in allen Variationen.

Bis auf einige stilisierte Halme ist dies ein fast schmuckloses Lokal: japanisch karg die Einrichtung, grün und heiß der Tee.

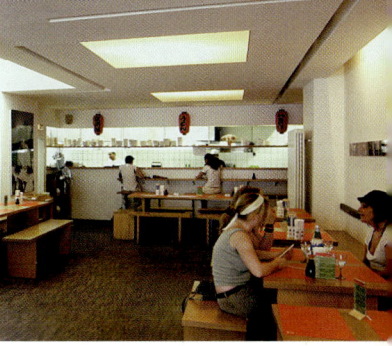

>> Das ist einfach die Atmosphäre – diese kühle japanische Atmosphäre. <<

Aber selbst hier gibt es – und das find ich lobenswert – Kölsch vom Fass. Die Getränke, bis auf den grünen Tee, sind insgesamt im Verhältnis zum Essen zu teuer. Sushi, Tee und Miso – also Soja-bohnensuppe – schmecken hier den Gästen: Für manche ist es fast wie in einem typischen Esslokal in Tokio.

>> Man fühlt sich ein bisschen wie in Japan. <<

Beliebt sind außer Sushi die marinierten Hähnchenspieße und das frittierte Hähnchenfleisch mit einer eher gemäßigten Geschmacks-note.

>> Ich finde das ganz gut, aber nicht – sagen wir mal – sehr exotisch anders. <<

Aber Reis – so viel Sie wollen – und Gemüse wird dazu gereicht, die Preise sind okay.

>> Gemüse ist frisch, und so mag ich das Essen gern, ja. <<

Insgesamt wird sehr europäisch gewürzt, bis auf die Udon, die Nu-delsuppe – das gehaltvolle Hauptgericht in ganz unterschiedlichen Geschmacksnoten.

>> Was ich ganz besonders schätze, dass das Essen leicht ist. <<

Vorurteile gegenüber Japan gibt es natürlich überhaupt nicht: Außer gutem Essen lieben die Japaner in ihrer Freizeit noch Origami, die große Kunst des Papierfaltens. Sie gucken sich ständig Monsterfil-me an oder gehen mit Kollegen nach der Arbeit zum Karaoke. Sie verbrauchen mehr Papier für die Herstellung von Mangas – diesen von hinten nach vorne gelesenen Comics – als für die Produktion von Klopapier.

   Und das stimmt wirklich!

## Bento Box ☼

0667 Köln, Innenstadt, Breite Str. 116 • Tel.: 0221/420 77 40
): Mo–Sa 12–22 Uhr, So Ruhetag • www.bentobox.de • Anfahrt mit KVB: inie 1, 3, 4, 7, 9, 16, 17, 18, 19 bis Neumarkt

### Krebbers Bewertung:

Essen ●●●●●●○○
Die drei beliebtesten Gerichte:
Thunfischsalat – Maki 4,10 €
Karaage – frittierte Hähnchen in Spezial-soße, Gemüse, Reis 7,80 €
Udon Suppen ab 7,50 €

Trinken ●●●●●●○○
• Kölsch 0,2 l  1,50 €
• Cola etc. 0,2 l  2,- €
• Wasser 0,25 l  1,70 €
• Kaffee 2,- €
• Grüner Tee 1,20 €
• Wein 0,15 l  ab 3,20 €

Service ●●●●●●○
Ambiente ●●●●●●○○

# Berrenrather Hof

**En Sölz e Stöck Frankreich, äh, Elsass – der Berrenrather Hof.**
Zwischen 1871 und 1918 wor et Elsass jo deutsch. Se müsse sich
dat esu vürstelle, wie wenn de Düsseldorfer Kölle besetz hätte. Ävver et hät noch immer god gegange!

    Die Weetin vum Hof – Violette Horst – kütt us Strassburg, dat es
die Stadt met däm Dom do. Anscheinend muss et för sei jo immer
en Domstadt sin. Zom Glöck es et jo nit Mainz gewoode, un Düsseldorf hät jo keine Dom. Hier trinkt man natürlich erst einmal
Kölsch, 1,30 € die Stange, wenn et sein muss auch Pils, aber auf jeden Fall Wein, aus allen Gegenden Frankreichs, die meisten natürlich aus dem Elsass.

&gt;&gt; Dass man mitten in Köln mal ein Stück Elsass erleben
    kann. &lt;&lt;

An der Theke weed de Schnüss geschwaadt, Wein getrunken oder
Kölsch gezischt. Die Cola 0,33 l kostet 2,10 €, das Gleiche die 0,2 l
Apfelschorle. Weine aus der Flasche gibt es ab 20,- €, aber man

kann sich auch das Glas ab 3,80 € füllen lassen. Dazu gehört die Spezialität – elsässischer Flammkuchen.

»Das ist einfach der beste in der Stadt.«

Ab 5,50 € kann man jede Variante probieren: klassisch mit Speck, Zwiebeln, Crème fraîche oder auch – ganz speziell – mit Sauerkraut.

»Der Flammkuchen, ne, deswegen kommen mir hier hin.«

Fein französisch geht es hier auch zu: Der Muschelsalat »Normandie« wird für 10,- € serviert. In der Kupferpfanne kommt Kaninchenrücken mit einer Rosmarin-Honigsoße, Lauchgemüse und grünen Nudeln für 16,50 € auf den Tisch. Rehmedaillons mit Spätzle, Kartoffelpüree und Champagnerkraut zur Perlhuhnbrust: beides für jeweils 15,50 €. Beliebt sind die Gratins, zum Beispiel mit Münsterkäse, Spinat, Champignons und Scampis.

»Französisch essen gehen zu können, und das bei 'ner gemütlichen Atmosphäre, fast wie in einer Kölschkneipe.«

Hee gitt et alles met suurem Kappes (Sauerkraut): Fleisch met suurem Kappes, Fesch met suurem Kappes, suure Kappes met suurem Kappes, un dämnöchs gitt et sugar heiße Keesche met suurem Kappes. Donoh bruch mer jet. Digestif, op französisch der Verdauungsschnaps, die Medizin nach dem Essen. He gitt et mih wie 20 Digestifs, un die probiere ich jetz all durch. Denn Schnaps heißt op französisch »l'eau de vie« – Lebenswasser. Käue un däue häld der Minsch am Levve!

---

## Berrenrather Hof 🏠 ☀️

50937 Köln, Sülz, Berrenratherstr. 221 • Tel.: 0221/420 27 20 • Ö: Di–So ab 17 Uhr, Mo Ruhetag • www.berrenrather-hof.de • Anfahrt mit KVB: Linie 18, 19 bis Sülzburgstr.

### Krebbers Bewertung:

**Essen** ●●●●●●○

Die drei beliebtesten Gerichte:
- Flammkuchen ab 5,50 €
- Tartiflette: Münster-Kartoffelauflauf mit Schinken 8,50 €
- Elsässer Schweinebäckchen an Zwiebelsoße, Bratkartoffeln und Linsen 12,50 €

**Trinken** ●●●●●●●
- Kölsch 0,2 l  1,40 €
- Cola etc. 0,33 l  2,60 €
- Wasser 0,25 l  2,- €
- Kaffee 2,- €
- Wein 0,2 l  ab 3,80 €

**Service** ●●●●●●●

**Ambiente** ●●●●●●○

# Caminetto

**Eifelplatz – Eifelstraße – Eiffelturm.** Gustave Eiffel – die Vorfahren des Erbauers des Eiffelturms kamen aus Marmagen, Eifel. Vielleicht haben die ja am schiefen Turm von Pisa schon mal geübt. In der Eifelstraße gibt es ein paar Italiener. Caminetto heißt einer und das bedeutet: Kamin. Den gibt's dort auch, und er wird benutzt, wie in der Eifel. Dick belegte und fantasievoll arrangierte Pizzas werden in den Steinofen geschoben.

» Wir haben von draußen den brennenden Backofen gesehen, und da haben wir gesagt, da müssen wir auch mal hingehen. «

Für den kleinen Hunger wird zunächst Pizzabrot mit leckerem Aufstrich gereicht, und dann landen sehr schnell die großen Pizzas auf dem Tisch. Zwischen 20 ganz unterschiedlich belegten Teigfladen kann man wählen – für 4,- € bis 7,50 €.

» Ich finde so toll, dass die Pizzas riesengroß sind und so richtig hauchdünn, das kriegt man kaum irgendwo anders. «

Manche teilen sich die Pizza und essen noch einen Salat mit Filetspitzen oder Putenbrust dazu. Mit frisch geriebenem Parmesan werden die Pastagerichte verfeinert. Auch Fleischgerichte sind zu haben – z. B. das Rinderfilet mit Gemüse für nur 13,- €. Die Dolci sind eine Sünde wert: ob Tiramisu, Zabaione oder die Pizza dolce mit Nüssen, getrockneten Feigen und Parmaschinken.

>> Ich schätze an diesem Lokal, dass mein Mann, nachdem
wir hier vor ungefähr einem Jahr gegessen haben, mir
einen Heiratsantrag gemacht hat.<<

Vielleicht bei einem guten weißen Wein: Den gibt es im 0,1 l Glas
schon für 1,60 €, das Kölsch für noch akzeptable 1,30 €. Das Wasser und die übrigen Getränke kann man auch bezahlen, und die Vier-
tel- und Halbliter Hausweine kosten nur 3,30 € bzw. 6,20 €.

>> Super gemütlich hier, die Leute sind alle supernett, wir
kommen extra 60 Kilometer, um hier zu essen.<<

## Caminetto 🏠 🍽

50677 Köln, Südstadt, Eifelstr. 36 • Tel.: 0221/310 46 64 • Ö: Mo–Sa 11.30–15 Uhr,
18–23 Uhr, So 11.30–23 Uhr • Anfahrt mit KVB: Linie 12 bis Eifelplatz

## Krebbers Bewertung:

**Essen** ●●●●●●○

Die drei beliebtesten Gerichte:
• Pizza rustica 7,50 €
• Antipasto gemischt (Vorspeisenteller für
  zwei) 9,- €
• Taglierini caminetto (mit Crevetten und
  Garnelen) 8,- €

**Trinken** ●●●●●●○
• Kölsch 0,2 l  1,30 €
• Cola etc. 0,2 l  1,60 €
• Wasser 0,25 l  1,90 €
• Kaffee 1,60 €
• Wein 0,1 l  1,60 € (0,5 l  6,20 €)

**Service** ●●●●●●○

**Ambiente** ●●●●●●○

# Habibi

**Seit über 2000 Jahren ist jeder Kölner 'ne Imi.** Jeder Kölner! Die Römer, die Eburonen und die Ubier sind die Urbürger von Colonia Claudia Ara Agrippinensis. Und wenn es die und die anderen Imis nicht gegeben hätte, wäre Köln irgendwie ein unbedeutendes, langweiliges Kaff, mit 'ner völlig überdimensionierten riesigen Kirche.

Einer dieser Imis hat Habibi – Liebling – nach Köln gebracht, einen arabischen Imbiss in der Zülpicher Straße. Der Weg ins Habibi ist mit Terrakotta gepflastert. Zur Begrüßung gibt's für jeden Habibi erst mal einen heißen Zimttee, för ömesöns. Das Essen kann natürlich auch mitgenommen werden, ob Falafel in frischem Brot oder auch alle anderen Gerichte.

≫ Dieser exotische Geschmack. Für mich sind das die besten Falafel in Köln. ≪

Der Raum strahlt eine einfache Gemütlichkeit aus, und die Gäste mögen auch das, nicht nur die interessante Speisenkarte.

>> Der Geruch von Zimttee. Die Musik ist anders. Das ist einfach nett hier zu sitzen. <<

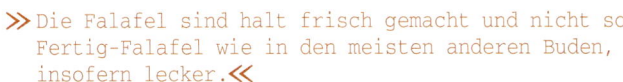

So etwas nennt man Atmosphäre, und die hat dieser Imbiss mehr als manches Sterne-Restaurant. Hinter der Theke entstehen aus Kichererbsen, Petersilie, Zwiebeln und Gewürzen in heißem Fett die Falafel, das Armeleuteessen, das ursprünglich aus dem Sudan stammt.

>> Die Falafel sind halt frisch gemacht und nicht so Fertig-Falafel wie in den meisten anderen Buden, insofern lecker. <<

Aus dem Libanon stammt das Rezept fürs marinierte Hähnchen. Wie köstlich einfach und wie einfach köstlich kann man sich für wenig Geld hier gesund und wohlschmeckend ernähren. Alle Gerichte gibt es mit Brot, Salat und Sesamsoße. Bis auf das marinierte Hähnchenfleisch – Schawarma – isst man hier nur vegetarisch, frisch gebackenes arabisches Brot dazu, und die Gäste machen mit zwei zusammengestellten Tischen schon mal eine kleine Tafel auf für das besondere Essen hier im Habibi.

>> Es hat vor allem eine sehr schöne Atmosphäre, und das Essen ist einfach klasse. <<

Dazu noch frisch gepresst aus Apfelsinen und Möhren ein besonders schmackhafter Saft. Das könnte mein Lieblingsgetränk werden, lecker!

Und meine Lieblingsnachspeise: Pistazie mit Haselnuss, Rosenwasser und Honig, köstlich! Und – hier heißt jeder Gast Habibi – Liebling.

---

**Habibi** 🕐
50674 Köln,Kwartier Lateng, Zülpicherstr. 28 • Tel. 0221/271 71 41
Ö: So–Do 11–1 Uhr, Fr/Sa 11–3 Uhr • Anfahrt mit KVB: Linie 9 bis Zülpicher Platz

**Krebbers Bewertung:**

**Essen** ●●●●●●○
Die drei beliebtesten Gerichte:
› Abbossi: Falafel- oder Schawarma-Teller 7,50 €
› Assula: kleine Habibi-Platte 7,50 €
› Sufi-Teller: frisches Gemüse, Hommos, Tabuoleh und Falafel 6,50 €

**Trinken** ●●●●●●●
• Cola etc. 0,33l  1,20 €
• Wasser 0,5l  1,20 €
• Kaffee 0,80 €

**Service** ●●●●●●○

**Ambiente** ●●●●●●●

# Ha-Long-Bucht

Xin chao heißt: »Guten Morgen«, »Guten Tag«, und »Guten Abend«. Im Vietnamesischen kann ein Wort durch die unterschiedliche Betonung der Vokale bis zu sechs verschiedene Bedeutungen haben. »Chao« heißt auch – je nach Betonung – Suppe, vegetarisches Essen oder umwickeln.

Kölsch ist auch eine Vokalsprache. Butz heißt Kuss, Botz – Hose, Boch – Buch und Buch heißt Bauch. Buchbotz ist keine erotische Lektüre, das müsste Butzboch heißen, sondern Buchbotz ist eine Bauchhose.

Ha-Long-Bucht heißt das vietnamesische Lokal in Klettenberg. Kitschig-schön die Einrichtung, Bilder der idyllischen Ha-Long-Bucht im Norden von Vietnam an der Wand und überschaubar gemütlich das Lokal. Trinken kann man natürlich Kölsch, einen heißen Tee oder Wasser … alles zu noch annehmbaren Preisen. Vietnamesisch essen kann man europäisch traditionell mit Messer und Gabel oder auf besondere Art und Weise.

≫ Dass ich endlich mal wieder mit den Fingern essen kann. ≪

Wickeln, rollen, alles in Handarbeit mundgerecht selbst herstellen. Was mit dem Reispapier und den anderen Zutaten gemacht wird, erklärt der Chef persönlich.

>> Die Frische, das Handwerk und das scheinbar Unendliche. <<

Ob vietnamesischer Pfannkuchen mit Hummerkrabben oder Spanferkel mit frischen Minzeblättern, Koriander, Basilikum präpariert und gerollt, das persönliche Erfolgs- und Geschmackserlebnis ist gewährleistet.

>> Man kann also wirklich viel essen, und ist trotzdem nicht voll gepappt. <<

Und die Hauptgerichte, die man sich auch gut teilen kann, liegen im Preis zwischen 9,50 € und maximal 18,- €. Jung und Alt haben hier das Genusserlebnis pur.

>> Da kann man hier mal ein bisschen und da mal ein bisschen probieren, und das ist schön gemütlich. <<

»Chao« heißt – wie gesagt – auch wickeln, umwickeln, und das tu ich unheimlich gerne. Wie fast alle anderen Gäste hier ebenfalls und nach dem Wickeln alles schön eintauchen in Nuoc Mam, eine wunderbare Fischsoße. Tuk ang njong – Guten Appetit!

## Ha-Long-Bucht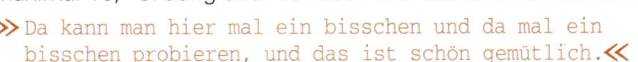

50937 Köln, Sülz, Sülzburgstr. 91 • Tel.: 0221/297 84 10
Ö: Di–So 13–23 Uhr, Mo 17–23 Uhr • Anfahrt mit KVB: Linie 18, 19 bis Sülzburgstr.

### Krebbers Bewertung:

**Essen** ●●●●●●○

Die drei beliebtesten Gerichte:
- Spanferkel mit Reisnudeln, Minze, Koriander und Basilikum in Reispapier 11,50 €
- Gegrillter Lachs mit geröstetem Schnittlauch und Salat in Reispapier 13,50 €
- Gegrillte Hummerkrabben in Bananenblättern 18,- €

**Trinken** ●●●●○○○
- Kölsch 0,2l 1,50 €
- Cola etc. 0,2l 1,50 €
- Wasser 0,2l 1,50 €
- Kaffee 2,- €
- Wein 0,2l ab 3,- €

**Service** ●●●●●●○

**Ambiente** ●●●●●○○

# HoteLux

**»Op der Schäl Sick fängk Sibirie aan«, hät schon Konrad Adenauer gesaht.** Wenn er wüsste, wie Recht er damit gehabt hat. In Deutz, im Schatten von dunklen Mietskasernen, schlägt das Herz der Internationale. Towarisch, hier gibt es eine Kopie des HoteLux, des ehemaligen Moskauer Emigrantenhotels, der Arche Noah für Faschismusflüchtlinge.

Das HoteLux hier ist nur Kulisse, aber mit echtem Inhalt. Der Osten ist rot.

>> Man hat 'nen Mexikaner, man hat 'nen Spanier, aber 'nen Russen, das ist schon was ganz Tolles. <<

Hier feiert die rote Revolution im Roten Salon mit »Rotem Oktober«, dem Bier mit dem revolutionären Geschmack. Der Weg in den Plüschsalon führt schnell durch einen Moskauer Metrowaggon und endet ganz in Rot. Die Flasche »Roter Oktober« bekommt man für 2,30 €. Am Roten Platz gibt's aber auch Kölsch für 1,40 € und Weine ab 3,70 € das Glas. Der Cocktail in Rot ist einer von 38 Wodkamischungen – ab 3,10 € zu haben. Man muss als Gast nicht alle 20 Wodkasorten probieren, um hier zu genießen.

>> Also sehr lecker sind die verschiedenen Wodkas, und die Auswahl ist ja auch wirklich grenzenlos. <<

Diese Küche ist außergewöhnlich: Azu po Tatarskij – Geschnetzeltes vom Rinderfilet für 15,90 €, Blinis – gefüllte Buchweizenpfannkuchen für 9,10 € oder auch Kiewsky Kotlety – Hähnchenfleisch gefüllt, mit Kartoffelstroh serviert, für 12,90 €.

>> Bisschen clubmäßig, bisschen rot, bisschen Plüsch, alles sehr nett, und das Essen ist auch noch sehr lecker. <<

Man kann aber auch nur von den vielfältigen Vorspeisen probieren und eine gute Grundlage schaffen für das Danach: Wodka. Wässerchen nennt der Russe liebevoll verniedlichend sein Hochprozentiges. Nach leckerem Kölsch hab ich nebenher noch das russische Bier probiert, ganz proletarisch, aus der Flasche! Zusammen mit ein paar Wodkaproben könnte daraus leicht ein Blauer November werden. Da kann der russische Schriftsteller Wladimir Kaminer hier seine Russendisko veranstalten.

---

## HoteLux ✗

50679 Köln, Deutz, Von-Sandt-Platz 10 • Tel.: 0221/24 11 36 • www.hotelux.de
Ö: So–Do 18–1 Uhr, Fr/Sa 18–3 Uhr, Küche tägl. 18–24 Uhr • Anfahrt mit KVB: Linie 1, 3, 4, 9 bis Bf. Deutz/Messe

---

### Krebbers Bewertung:

**Essen** ●●●●●●○
Die drei beliebtesten Gerichte:
- Kiewsky Borschtsch 5,10 €
- Kiewsky Kotlety: Geflügelspezialität mit Kartoffelstroh und Salat 12,90 €
- HoteLux: Rinderfilet mit Thymian-Knoblauchfüllung, Möhrenflan und russischen Gnocchi 16,90 €

**Trinken** ●●●●●○
- Kölsch 0,2 l 1,40 €
- Cola etc. 0,2 l 1,60 €
- Wasser 0,25 l 1,50 €
- Kaffee 1,60 €
- Wein 0,2 l ab 3,70 €

**Service** ●●●●●●

**Ambiente** ●●●●●○

# La Bodega

**Neulich war ich in der Bar, im Büdchen, der Tapas Bar – La Bodega.** Der Wirt, Thomas Hackenberg, Schauspieler und Moderator, führte mich durch sein »Büdchen«.

» Das sind also iberische Deckenmalereien des 13. Jahrhunderts? «

Th. Hackenberg: » Ja, die sind von spanischen Stierkämpferwitwen mundgemalt. «

» Und Sie haben die dort abtragen lassen und hierhin verpflanzt? «

Th. Hackenberg: » Ja. «

>> Ich sehe eine Mauer aus dem letzten Jahrtausend? <<

Th. Hackenberg: >> Ja, die ist echt römisch-katholisch, haben wir 1998 freigelegt. <<

>> Sehr schön. <<

Bereits am frühen Abend strömen hier die Gäste. Platz findet man überall, im Gang oder auch an der Bar. Unter Serrano-Schinken ist gut trinken, un ene Verzäll es immer drin. Ansprechend ist aber nicht nur die spanisch-kölsche Atmosphäre.

>> Also ich finde das Flair hier besonders schön und das Essen, weil es so hervorragend schmeckt. <<

Gambas al ajillo. Mmmmh! Da kann man als Gast nur wohlig stöhnen. Her mit den kleinen Tapas.

>> Du guckst dir das an und kannst dir aussuchen, anhand der Vitrine und so, ist ganz nett. <<

Kalte und warme Kleingerichte zwischen 2,- € und 12,50 € pro Portion. Und der TapasTeller bietet sieben verschiedene Spezialitäten für 14,- €. Die Küche bereitet aber auch eine Paella frisch zu – spezial für zwei Personen mit Fisch und Meeresfrüchten 25,- €. Deshalb ist es nicht verwunderlich, dass das Publikum auch in der Woche in das Büdchen strömt.

>> Es ist sehr professionell aufgemacht, ist sehr amüsant und kontaktfreudig. <<

Spartanisch gemütlich wirkt der Gewölbekeller: Da tafeln an langen Tischen Karnevalsvereine, Bürobesatzungen oder Großfamilien. Und alle haben ihr besonderes Verhältnis zu La Bodega.

>> Feine Sachen, besondere Sachen, ungewöhnlich. Ich find es ziemlich spanisch, kommt mir spanisch vor. <<

Also, ich habe mich geirrt, es ist kein Büdchen. Es ist ein exzellentes Lokal, eine exzellente Kneipe, eine Bar, die einen verwöhnt mit allem, was nur möglich ist.

## La Bodega ⅋ ✗ ☼
50670 Köln, Innenstadt, Friesenstr. 51 • Tel.: 0221/257 36 10 • Ö: So–Do 17–1 Uhr, Fr/Sa 17–3 Uhr • Anfahrt mit KVB: Linie 3, 4, 5, 6, 12, 15 bis Friesenplatz

### Krebbers Bewertung:

**Essen** ●●●●●●●
Die drei beliebtesten Gerichte:
• Pollo al ajillo 3,10 €
• Boquerones en vinagre 3,40 €
• Paella spezial für 2 Pers. 25,- €

**Trinken** ●●●●●●●
• Kölsch 0,2 l  1,50 €
• Cola etc. 0,2 l  2,- €
• Wasser 0,25 l  2,- €
• Kaffee 1,80 €
• Wein 0,2 l  ab 3,60 €

**Service** ●●●●●●●

**Ambiente** ●●●●●●●

# La Campana

Kleine Sandkaul, parallel dahinter, Große Sandkaul. Et Interconti dozwesche es op Sand gebaut, denn em Meddelalder wor hee en Sandkuhl. Süht eso us, wie wann se immer noch am Avbaggere wöre. Dä Sand wood och för der Bau vum Göözenich vör 600 Johr gebruch. Die »jute Stuvv« vun Kölle, der »Hären Tanzhaus«. Der Herren Fasteloovendshuus es et bes hügg. Zwesche Heumaat un Scheldergass, meddenmang op der Göözenichstroß – La Campana. Der gemütliche Spanier in der Innenstadt lädt Imis und Kölner zum Essen und Trinken. Aber ob Pils, Kölsch oder Nichtalkoholisches, die Preise sind nicht ganz so günstig, aber immer noch im Rahmen. Das Kölsch kostet 1,40 €, Cola 1,80 €, Latte macchiato 2,30 €. Jung und Alt trinken hier gerne Wein, zwei offene, rote und weiße gibt es, das Glas ab 2,60 € und natürlich eine Auswahl an Flaschenweinen.

>> Die Wirtin ist immer sehr freundlich, die Bedienung ist sehr freundlich, und der Kaffee und der Kakao sind sehr gut und sehr schmackhaft. <<

In der Theke lagern appetitlich angerichtet zwölf verschiedene Sorten Tapas – eingelegte Sardinen, frittiertes Krebsfleisch oder pikant angemachte Muscheln – vier Schälchen für günstige 8,70 €.

>> Wenn wir hier unsere Einkäufe machen oder so bummeln, dann nutzen wir das Ganze auch, um irgendwo Essen zu gehen und haben das entdeckt, und seitdem sind wir hier hängen geblieben. <<

Viel frischer Fisch wird angeboten, zu wirklich guten Preisen: Der Sepia – also Tintenfisch – gegrillt kostet 7,90 €, der Schwertfisch mit Beilagen 13,30 €. Als Mittagsmenü gibt's z. B. Schweinesteak oder gefüllte Paprikaschoten – mit Vor- oder Nachspeise. Günstige Tagesgerichte und ein Gericht aus der bürgerlichen Küche, wie beispielsweise der Krustenbraten, runden das Ganze ab.

>> Die Portionen sind reichlich, und die Bedienung ist exzellent freundlich. Ein sehr gutes Lokal. <<

»La Campana« ist spanisch und hat viele Bedeutungen – z. B. Glocke, Feldzug, Kreuzfahrt oder auch Ernte, Feld oder Kampagne und Amtszeit. Aber man muss nicht die Glocke läuten, einen Feldzug oder eine Kreuzfahrt unternehmen, um an die Ernte dieses Feldes zu kommen. Und die Kampagne für die Verlängerung der Amtszeit dieser Lokalität habe ich hiermit angezettelt.

>> Dieses Lokal hat meine vier Kollegen glücklich gemacht, die von weit gereist sind, die sehen das hier gern in Köln, und ich werde hier gerne noch mal hingehen. <<

## La Campana ☀

50677 Köln, Altstadt, Gürzenichstr. 21 • Tel.: 0221/276 20 72
Ö: Mo–Sa 11–24 Uhr, So Ruhetag • Anfahrt mit KVB: Linie 1, 7, 9 bis Heumarkt

### Krebbers Bewertung:

**Essen** ●●●●●●○
Die drei beliebtesten Gerichte:
• Mittagsmenüs von 4,50 € bis 7,90 €
• Tapas (4er-Auswahl) 8,70 €
• Fischplatte 1 Pers. 16,20 €, 2 Pers. 29,90 €

**Trinken** ●●●●●●○
• Kölsch 0,2 l  1,40 €
• Cola etc. 0,2 l  1,80 €
• Wasser 0,2 l  1,60 €
• Kaffee 1,80 €
• Wein 0,2 l  ab 2,60 €

**Service** ●●●●●●○

**Ambiente** ●●●●○○○

# Lo Sfizio

**Zwischen Hansaring und Sudermannplatz, zwischen Faste-
leer und Fastenkur, liegt ein Paradies.** Dieses Geschäft hier bietet nicht nur Pasta e Vino, sondern auch Fantasia an. Toll! Lo Sfizio
heißt das Ganze, das ist neapolitanisch – wie Sophia Loren und Vit-
torio de Sica – und bedeutet Lust. Kenne mer jo: Wir lieben das Leben, die Liebe und die Lust … Und hier kann man mit Lust, Laune
und Fantasia enkaufe un esse.

Die Theke ist gefüllt mit köstlichen Antipasti, vielen verschiedenen Käsesorten und italienischen Wurstspezialitäten. Da wird man
bestens bedient und der Rosmarinschinken in dünne Scheiben ge-
schnitten.

>> Ich habe gerade meine Wochenendwurst und Käse und alles
hier eingekauft.<<

Die Preise sind okay, und zwischendurch kann man sich mit einem
Latte macchiato oder Milchkaffee für 1,50 € stärken. Der Espresso
kostet nur 1,- €, aber es gibt keinen Alkohol, den Wein leider nur
zum Mitnehmen.

>> Die Einrichtung ist schön, die Leute sind freundlich,
Essen ist lecker, es ist wunderbar hier.<<

Nicóla de Petris ist der »Scheffe« in der Küche. Die Pasta wird frisch gemacht – al dente –, und die Spaghetti frutti di mare kommen für 6,90 € auf den Teller. Die Pastagerichte wechseln täglich, sind lecker und günstig: z. B. Spaghetti arrabbiata für nur 4,90 € die Portion. Vielleicht gibt es ja bald die Konzession für den Weinausschank von der Stadt und dann rosso oder bianco zum Essen.

>> Man hat hier ein Ambiente von der Toskana. <<

Wer es deftig mag, kann auch Salsiccia, die italienische Bratwurst, mit Gemüse und Kartoffeln probieren.

>> Es ist authentisch, das ist das Besondere, weil es nur wenige Lokale gibt, die authentisch sind. <<

Et gitt jo en Italia verschiedene Arten von Ristorante, z. B. die Bar – dat es dat Café met Espresso un Fröhstöck, die Osteria – die Weetschaff, die Paninoteca – do gitt et Panini caldi, also warme Brötchen und kalte Pizza und die Pizzeria – es klor. Ristorante gitt et och un die Trattoria – dat es et Gasshuus. Ävver Lo Sfizio es en Rosticceria, ein Lokal in dem man einkaufen kann, aber auch essen und trinken. Mit Fantasia!

---

## Lo Sfizio ☕

50670 Köln, Agnesviertel, Sudermanstr. 7–9 • Tel.: 0221/120 88 13
): Mo–Fr 9–20 Uhr, Sa 9–16 Uhr • Anfahrt mit KVB: Linie 5, 6, 12, 15, 16, 8, 19 bis Ebertplatz

### Krebbers Bewertung:

**Essen** ●●●●●●○

Die drei beliebtesten Gerichte:
Spaghetti frutti di mare 6,90 €
Fischgericht (tägl. wechselnd) ab 7,90 €
Salsiccia (ital. Bratwurst) mit Gemüse und Kartoffeln 8,90 €

**Trinken** ●●●●●○○
• Cola etc. 0,2l  1,30 €
• Wasser 0,2l  1,30 €
• Kaffee 1,- €

**Service** ●●●●●●○

**Ambiente** ●●●●●●○

# Meisje

**Hier ist das südliche Ende der Hohe Straße,** sozusagen der Blinddarm, der Wurmfortsatz der ersten Fußgängerzone Deutschlands, und hier ist das Meisje, het uniek nederlands café en keulen: »Mädcher«. Da gibt es Kölsch zum wunderbaren Preis von 1,10 € – können das nur die Oranjes?

>> Es gibt hier auch schon mal 'nen Tee morgens, wenn es fürs Kölsch noch zu früh ist. <<

Verdiente Ruhepause nach dem Einkaufsstress in der City – auch bei nichtalkoholischen Getränken, die sind nicht ganz so billig, Cola kostet z. B. 2,- €. Den Wein bekommt man in der Viertelliterkaraffe ab 3,50 €. Kaffee und die übrigen Drinks, da stimmt der Preis – natürlich dat herrliche Kölsch.

>> Mal was anderes, holländisch hatten wir noch nicht im Programm. <<

Das hat die Wirtin, het Meisje Diana van de Burgt, in der Hohe Straße etabliert, aber die Speisen sind eher deutsch/international. Große Salatteller gibt es in vielen Variationen. Draußen kann man z. B. die Folienkartoffel mit Lachs, aber auch mit frischem Matjes bestellen.

>> Die Atmosphäre, die freundliche Bedienung, das leckere und preisbewusste Essen. <<

Und wer nach den großen Portionen zum guten Preis – der Salat mit Feta und Oliven kostet nur 6,50 € – noch Appetit auf echt neder-

landse Keuken hat: bitte sehr – as te blieft – Möhreneintopf mit Frikadelle und Appeltart met slagroom.

>> Das Schöne ist, dass es mitten in der Stadt gelegen ist,
trotzdem bisschen ruhiger, abseits, aber mittendran. <<

Die Schirmherrin dieses Hauses is och e Meisje – Königin Beatrix,
und die hängt als Portrait an der Wand. Manche glauben ja, die Königin der Niederlande wäre Frau Antje. Holländisches Bier oder wie
ich sage »Sauce hollandaise« gibt es hier auch, aber meistens wird
Kölsch getrunken, ärg billig und ärg lecker. Daag!

## Meisje 🍴 ☕ ☀

50667 Köln, Innenstadt, Hohe Str. 4–8 • Tel.: 0221/205 36 37 • Ö: Mo–Sa
10–22 Uhr, So Ruhetag • Anfahrt mit KVB: Linie 1, 7, 9 Heumarkt oder
Linie 132, 133 bis Waidmarkt

### Krebbers Bewertung:

**Essen** ●●●●●●○

Die drei beliebtesten Gerichte:
Apfel- oder Speckpfannekuchen 4,50 €
Salat mit Fleischspießchen und Honig-
Senfsoße 6,50 €
Folienkartoffel, Kräuterquark und frischer
Matjes 6,50 €

**Trinken** ●●●●●●○
• Kölsch 0,2 l  1,10 €
• Cola etc. 0,2 l  2,– €
• Wasser 0,25 l  1,80 €
• Kaffee 1,60 €
• Wein 0,25 l  ab 3,50 €

**Service** ●●●●●●

**Ambiente** ●●●●●○

# Pablo

**So klein diese Kneipe ist, so schnell ist sie auch voll.** Die Nachbarn kommen, um sich in ihren Feierabend zu trinken. Lück wie ich haben den Insidertipp aufgeschnappt und fühlen sich direkt wohl hier.

>> Gemütliche Atmosphäre, nette Leute aus dem Viertel, angenehm. <<

Vorne vier Tische, hinten noch sechs dazu, und mit 30 Gästen ist der Laden gut besucht. Immer wieder wechselnd gibt's den Wein der Woche im Angebot, doch z. B. das 0,15 l Glas Ribera für 3,80 € finde ich zu teuer. Spezialverschlüsse auf den Flaschen lassen den Wein atmen, und das Kölsch läuft hier auch. Toll ist das Angebot an Cocktails: Alles Frischgeschüttelte kostet nur 4,90 € das Glas – durchgehend Happy Hour.

Bei dem Angebot an kalten und warmen Tapas hat sich der Geheimtipp schon längst zum Szenelokal entwickelt. Leckere Gambas für 7,20 €, und der Vorspeisenteller ist ein Genuss. Köstliche Kleinigkeiten, die gut zum Kölsch oder Wein passen. Das alles wird in einer winzigen Kochnische zubereitet, in der kaum Platz für zwei Personen ist.

Vino verde gibt's vom Fass, und den Teller mit den warmen Tapas kann man auch gut zu zweit essen. Dazu schmeckt Aioli ohne Majonäse, auf der Basis von Crème fraîche und Quark, für 2,30 €.

≫ Das leckere Essen und der leckere Wein. Bin völlig überrascht, was für'n toller Schuppen hier im normalen Wohngebiet ist. ≪

---

## Pablo

50937 Köln, Sülz, Marsiliusstr. 39 • Tel.: 0221/475 92 52 • Ö: tägl. 18–1 Uhr
Anfahrt mit KVB: Linie 18, 19 bis Sülzburgstr.

### Krebbers Bewertung:

**Essen** ●●●●●●○
Die drei beliebtesten Gerichte:
• Carpaccio »Pablo« 4,- €
• Gambas »Portugiesische Art« 1,20 €
  das Stück (ab 4 Stück)
• Antipastiplatte 8,90 €

**Trinken** ●●●●●●○
• Kölsch 0,2 l  1,30 €
• Cola etc. 0,2 l  1,90 €
• Wasser 0,2 l  1,20 €
• Kaffee 1,60 €
• Wein 0,15 l  ab 2,30 €

**Service** ●●●●●●●

**Ambiente** ●●●●●●○

# Toscanini

**Das Krankenhaus der Augustinerinnen, das Severinsklöster-chen –** wer hier geboren wird, gilt als echter Kölner. Aber wat es ei-gentlich 'ne echte Kölsche? Carl Zuckmayer hat den »meltingpot« Köln beschrieben: Angefangen hat es mit einem römischen Haupt-mann und einer blonden Ubierin, dann kamen ein griechischer Arzt, ein desertierter Kosak, ein dicker Schiffer aus Holland, ein französi-scher Schauspieler, ein italienischer Pizzabäcker, und, und, und … alle haben sich hier vermischt und vermischen sich noch heute, und alle sind Kölner, weil sie Kölner sein wollen, auch hier in der Jakobstraße, im Toscanini. Das ist keine Pizzeria, aber die Pizza ist wunderbar. Kinder sind willkommen und finden's ganz spannend hier, mit dem offenen Holzbackofen.

>> Ist 'ne angenehme Atmosphäre und meist auch ein junges Publikum hier. <<

Man sitzt am Fenster, fühlt sich wie im Urlaub und wartet nicht lange auf – genau – die Pizza spinacchi.

>> Man wird hier immer sehr nett bedient, und das Essen ist einfach spitze. <<

Kölsch wird hier aber aus der Flasche ins Glas gefüllt – ein echter Fauxpas. Die Getränke sind preislich ansonsten in Ordnung, es gibt sogar Mengenrabatt für den guten, offenen Wein. Dazu die Pizza rustica für 8,50 € – Mozarella, Parmaschinken und Rucola.

>> Die Größe der Pizza und die Qualität, das ist topp hier. <<

Super sind auch die Nudelgerichte. Frische Nudeln aus Italien und viel Fisch dazu: Farfalle mit Lachs für 7,- € – ganze Fische ab 15,60 € – oder Tortellone spinacione mit Flusskrebsschwänzen für 8,70 €. Die Atmosphäre in diesem schönen Lokal ist wie geschaffen für einen bunten Sommersalat mit gebratenem Schollenfilet (7,50 €) und zum Abschluss ein wunderbares Panna cotta.

>> Sehr gutes Essen für das Preis-Leistungs-Verhältnis. <<

Arturo Toscanini, der Namensgeber dieses Lokals, wäre bestimmt gern hierher gekommen. Er, der in Schinken, äh nee, in Parma geborene, schätzte gutes Essen und Trinken. Er hat die gesamte Welt bereist und in Brasilien, USA, Deutschland, Österreich, ach, fast überall dirigiert.

Toscanini als Weltbürger und kölsche Weltbürger im Toscanini, das passt.

## Toscanini

50678 Köln, Vringsveedel, Jakobstr. 22 • Tel.: 0221/310 99 90
Ö: So–Fr 12–15 Uhr, 18–23 Uhr, Sa 18–23 Uhr • Anfahrt mit KVB: Linie 3, 4 bis Severinstr.

## Krebbers Bewertung:

### Essen ●●●●●●○

Die drei beliebtesten Gerichte:
- Tagliatelle navona: Grüne Bandnudeln mit frischen Champignons und gebratener Putenbrust 8,- €
- Pizza rustica mit Mozarella, Parmaschinken, Rucola und Parmesan 8,50 €
- Variation von Meeresfischen (Seeteufel, Rochenflügel, Dorade und Gambas), Rosmarinkartöffelchen und Feldsalat 16,50 €

### Trinken ●●●●●●○○
- Kölsch (aus der Flasche) 0,33 l  2,10 €
- Cola etc. 0,2 l  2,- €
- Wasser 0,25 l  2,- €
- Kaffee 1,80 €
- Wein 0,1 l  ab 2,- €/0,25 l 4,- €

### Service ●●●●●●○

### Ambiente ●●●●●●●

# Turista Süd

**Em Meddelalder wor et Vringsveedel Kölns größtes Weinbau-gebiet, gute Südlage.** De Vringsstroß log zwesche Rebe un Rübe. Das Haus Balchem aus dem 17. Jahrhundert war 'mal 'ne Brauerei. Jetz es et de Stadtteilbibliothek: Kölsch lese statt Kölsch drinke.

Das ist die Straße mit den Kneipen, kleinen Läden un KVB-Bau-stellen. Und trotz Kanäle-, Gruben- und Kabel-Verlegen – Spanien, olé! Zwesche Kalamares un Kastagnette fingk mer ett Turista Süd – en der Südstadt.

>> Ein kleines Stück Süden, aus Spanien. Ich komme selber aus Südeuropa, und ich fühle mich zu Hause.<<

In der Tapasbar gibt es das Kölsch für 1,40 € und den Wein ab 3,20 €. Cocktails kriegt man ab 4,50 €; der kleine Rote (0,1 l) und das spa-nische Bier für 2,50 € werden auch auf der Bürgersteigterrasse aus-geschenkt. Die Preise von den alkoholfreien Getränken bis zum Kaf-fee sind insgesamt günstig.

>> Ja, ist einfach ein schönes Ambiente, man kann schön sitzen, und es ist lecker, liebevoll zubereitet.<<

Das fängt schon bei den Vorspeisen an: Den kleinen Teller mit spanischem Schinken, Käse und Oliven gibt's für 3,60 € und den großen mit warmen, gemischten Vorspeisen für 7,60 €. Da bekommt man gefüllte Chilischoten, Krebsfleisch, Calamares und, und, und ...

>> Bedienung ist okay, Tapas sind lecker, das Kölsch ist gut gekühlt. <<

Datteln in Speck für 3,80 € werden gern bestellt, und die Patatas bravas gehören einfach dazu. Die Portionen sind großzügig bemessen, auch die Pinchos di sepia – die Tintenfischspieße – und die frittierten Sardellen (Boquerones fritos). Hier trifft sich alles und lässt sich die Vielfalt der Tapasküche schmecken, ob Pollo a las hierbas – Kräuterhähnchen oder Muslitos de mar – frittiertes Krebsfleisch.

>> Ist halt sehr lecker, spanisches Essen, und ich finde das Publikum halt sehr nett, sehr gemischt, ja, gefällt. <<

De Römer wore de eetste Touriste, die met Sandale de Vringsstroß eropgekumme sin. Dann kome de Franke, de Merowinger, de Karolinger un de Normanne, späder dann noch de Franzuse un de Preuße, alles Touriste. Us Touriste woodte Imis, späder Kölner, un dat es hügg och noch esu.

---

**Turista Süd**
50678 Köln, Vringsveedel, Severinstr. 3 • Tel.: 0221/93 11 421
Ö: täglich 18–1 Uhr • Anfahrt mit KVB: Linie 6, 15, 16, 17 bis Chlodwigplatz

---

**Krebbers Bewertung:**

**Essen** ●●●●●●○
Die drei beliebtesten Gerichte:
Patatas bravas mit Soße 3,- €
Datteln in Speck 3,80 €
Gambas al ajillo 4,90 €

**Trinken** ●●●●●●○
• Kölsch 0,2l  1,40 €
• Cola etc. 0,2l  1,80 €
• Wasser 0,2l  1,30 €
• Kaffee 1,60 €
• Wein 0,2l ab 3,20 €

**Service** ●●●●●●○

**Ambiente** ●●●●●○○

# Zeiritz

»Heute bleibt die Küche kalt, heit gemmer ...« Naa, dös mach mer net. An der Ecke Limburgerstraße, Hohenzollernring beginnt die österreichische Meile. Hia der Wianerwold, do die Steiermark. Dös Zeiritz, dös is Österreich pua. Und hia gibt's sogar Backhendl. Das Fleisch, der Käse, das Wasser, der Wein, alles kommt aus Österreich. Nur das Gemüse und das Brot ist von hier. Aba dös Bia net, koa Kölsch, dafür aba Hirter Bia aus Kärnten, vom Fass.

Mer muss och günne künne, man ist ja nicht jeden Tag in Österreich zu Besuch. Denn hier im Zeiritz ist alles aus Österreich: nicht nur das Bier – 0,3 l für 2,20 € –, auch der Wein kommt von dort. Sehr gut ist der, ob rot oder weiß, doch leider zu teuer – das Viertel für 5,80 €.

>> Ich finde das gemütlich, dass man hier an den Tischen so zusammen sitzt, mit irgendwelchen anderen Leuten. <<

Es gibt weder Cola noch Fanta, nur Schartnerbombe und Almdudler, die österreichischen Varianten der Limo. Die Getränke sind insgesamt nicht billig, aber auf der Alm, da gibt's koa Sünd, nur an Dudler.

>> Ich mag die ungezwungene Atmosphäre und diese wunderbare, köstliche, regionale Küche. <<

Deftig bäuerlich und lecker fein ist die Küche, in der die jeden Tag wechselnden Gerichte zubereitet werden. Für echte Käsnockerln mit Salat bezahlt man 10,50 €, die Kaninchenkeule wird mit Vanillekarotten und Krenkrapfen, also Merrettichkrapfen, serviert (16,- €).

>> Ich ess gerne grad im Winter ein bisschen üppiger, und das schmeckt hier sehr lecker. <<

Es gibt das krosse Backhendl mit Erdäpfelgurkensalat für 12,50 €. Das Blunzen – also Flönzcarpaccio – wird wie das Perlhuhnfilet oder der Salat mit Kürbiskernöl verfeinert.

>> Die Akustik ist leider ein bisschen schlecht zum Unterhalten, aber das Essen ist sehr gut. <<

Olles steirisch, Kürbiskernöl aus der Steiermark, das grüne Gold. Der steirische Ölkürbis hilft bei Blasen- und Prostatabeschwerden – muss ich ja in meinem Alter bald mit rechnen – und hilft bei Haut- und Haarproblemen. Man kann es auch trinken, aber ich probier lieber einen Bauernschnaps aus der Steiermark. Prosit!

## Zeiritz

50672 Köln, Belgisches Viertel, Limburgerstr. 19 • Tel.: 0221/257 54 52
Ö: So–Fr 19-1 Uhr, Sa Ruhetag • Anfahrt mit KVB: Linie 3, 4, 5, 6, 12, 15 bis Friesenplatz

## Krebbers Bewertung:

**Essen** ●●●●●●○

Die drei beliebtesten Gerichte:
- Backhendl mit Erdäpfelgurkensalat 12,50 €
- Bierfleisch mit Polenta und Salat 13,50 €
- Szegedinger Gulasch mit Semmelknödeln 14,50 €

**Trinken** ●●●●●○○
- Hirter Bier 0,3 l 2,20 €
- Almdudler etc. 0,35 l 2,20 €
- Wasser 0,25 l 2,- €
- Kaffee 2,- €
- Wein 0,25 l 5,80 €

**Service** ●●●●●●○

**Ambiente** ●●●●●○○

**Kölsches**

# Bierhaus en d'r Salzgass

**Am Rheinufer kamen sie an, aus Holland.** Ja, nicht die Touristen, de Fesch. Nebenan in der Lintgasse wurden die Körbe geflochten, för de Fesch. Hier in der Salzgasse, gesalzen, ja, de Fesch. Um die Ecke – Unter Käster – machte man die Fässer für den berühmtesten Exportartikel Kölns im Mittelalter: gesalzenen Hering. Salz mäht Doosch, und so gab es schon damals in der Salzgasse das Brauhaus zur Täsch. Dat gitt et nit mih, doför ävver e neu Brauhuus met – leck mich en der Täsch – Päffgen Kölsch.

≫ The Kölsch is good, ja. ≪

Und das fließt aus dem Fass ab 12 Uhr mittags. Päffgen Kölsch: Für diese Marke haben die Besitzer lange gekämpft und rund um das Kölsch ein schönes Brauhaus gebaut. Die Stange geht für 1,40 € über den Tisch, für Altstadtverhältnisse noch tragbar.

>> Sehr lecker, die Glässle sind a bissle klein, könnte ein bissle größer sein. <<

Wo früher das Altstadthotel war, ist ein Brauhaus im alten Stil entstanden, mit etwas Kitsch und viel Gemütlichkeit – zom Schwaade, Drinke un Esse. Mittags gibt's ein preisgünstiges Menü für 6,90 €. Der Sauerbraten mit Klößen und Apfelmus gelangt, für 12,40 € nicht ganz so günstig, auf den Tisch.

>> Herrlich, wunderbares Essen, heiß und schmackhaft. <<

Zu allem natürlich das leckere Päffgen Kölsch, auch zum Leberkäse für 8,40 €. Endlich wieder mal ein guter Grund, die Altstadt zu besuchen.

>> Das ist sehr gemütlich, urig, gibt leckeres Kölsch. <<

Auch hier gilt das kölsche Grundgesetz, et es wie et es, nor Päffgen Kölsch, et kütt wie et kütt, flöcke Köbesse, et hät noch immer god gegange, och noh dem zehnte Kölsch.

## Bierhaus en d'r Salzgass ☼

50667 Köln, Altstadt, Salzgasse 5–7 • Tel.: 0221/800 19 00 • Ö: tägl. 12–24 Uhr
www.bierhaus-salzgass.de • Anfahrt mit KVB: Linie 1, 7, 9 bis Heumarkt

### Krebbers Bewertung:

**Essen** ●●●●●●○○

Die drei beliebtesten Gerichte:
- Himmel und Ääd mit Flönz 7,90 €
- Braumeisterkotelett (500g) mit Zwiebeln, Spiegelei, Bratkartoffeln, Krautsalat 12,40 €
- Altstadtpfännchen – 3 Schweinemedaillons auf Bratkartoffeln, buntes Gemüse, Sauce hollandaise 14,80 €

**Trinken** ●●●●●●○
- Kölsch 0,2 l  1,40 €
- Cola etc. 0,2 l  1,90 €
- Wasser 0,25 l  1,90 €
- Kaffee 1,90 €
- Wein 0,25 l  2,90 €

**Service** ●●●●●●○

**Ambiente** ●●●●●●●

# Brauhaus Goldener Pflug

**Die Olpenerstraße in Merheim:** Wo jetzt das Klinikum ist, war früher mal ein Flughafen. Das gegenüberliegende neue Gasthaus sollte deshalb »Goldener Flug« heißen. Aber dann wurde daraus der Goldene Pflug. Zwischendurch war das ja über 12 Jahre ein Drei-Sterne-Restaurant, ein Schlemmerlokal – der Gourmettempel im Rheinland. Vom Feinschmeckerlokal zur Brauhausköch: gelungen, würd ich sagen.

≫ Ich ben 85, un mir gefällt hier alles, alles – richtig kölsch Milieu hier. ≪

Man bekommt prima Schnitzel und Sauerbraten zum guten Preis. Es gibt Rievkooche – oder auch den Steaktag: Dann kosten alle 300-Gramm-Steaks mit reichlich Beilagen nur 14,95 €.

>> Das Essen ist wirklich klasse, die Karte ist ausgesprochen gut, es ist 'ne gemütliche, freundliche Atmosphäre hier. <<

Der Renner ist aber ein schnelles Gericht mit einem bezeichnenden Namen – die Currywurst, der »scharfe Merheimer«. Das Ganze wird abgelöscht mit einem leckeren Kölsch für 1,20 € die Stange. Die Köbesse bringen flöck den Nachschub.

>> Die sin genau su, wie kölsche Köbesse ze sin han, 'ne jewisse Nähe zum Gast, nit zu nah, die wisse jenau, wo die Grenze ist, und das Kölsch kommt immer flüssig hinterher. <<

Bei der Gründung in den 1930er Jahren wurde dieses Haus als »schönste und modernste Gaststätte im rechtsrheinischen Gebiet« angepriesen. Jetz es et einfach nor der Goldene Fluch, Flug, äh, Pflug.

**Brauhaus Goldener Pflug**
51109 Köln, Merheim, Olpenerstr. 421 • Tel.: 0221/310 56 31
Ö: Mo–Sa 16–24 Uhr, So 11–24 Uhr, Küche bis 22.30 Uhr
www.brauhaus-goldener-pflug.de • Anfahrt mit KVB: Linie 1 bis Merheim

**Krebbers Bewertung:**

**Essen** ●●●●●●○
Die drei beliebtesten Gerichte:
• »Scharfer Merheimer« – Currywurst mit Fritten, Soße, Mayonnaise und Zwiebeln 5,80 €
• »Kölsche Pizza« – großer Reibekuchen mit Tomaten/Käse überbacken 5,55 €
• »Bierkutscherkotelett« – natur mit Zwiebeln, Bratkartoffeln, Salat 6,50 €

**Trinken** ●●●●●●○
• Kölsch 0,2 l  1,20 €
• Cola etc. 0,2 l  1,60 €
• Wasser 0,25 l  1,60 €
• Kaffee 1,60 €
• Wein 0,2 l  ab 3,25 €

**Service** ●●●●●●○

**Ambiente** ●●●●●●○

# Brauhaus Pütz

**Pütz, wie op Kölsch der Brunnen, gibt es seit acht Jahren als Imitatbrauhaus,** auf alt getrimmt, aber gemütlicher und schöner als manches Traditionshaus.

>> Das ist alles ganz einfach gehalten, und es gibt gutes Bier. <<

Mühlenkölsch gibt's im Pütz in der Engelbertstraße direkt aus dem Pittermännchen. So wollen wir unser Kölsch haben: huhgezapp, fresch un köhl für 1,20 € de Stang. Die Köbesse haben jeweils ihre eigenen Fässer und pflegen die Kölschkultur mit Liebe und gutem Service.

>> Die Bedienung ist nett, und ich denke, das ist der Grund, warum die Leute hier hingehen. <<

Das Publikum ist wie immer im Brauhaus: standeslos bunt gemischt, kölschsüchtig und trinkbereit.

>> Und 30 Kölsch kann man Minimum trinken, ohne etwas benebelt zu sein. <<

Der Mostert täglich frisch im Pott, Zeichen einer guten, kölschen Küche. Kleinigkeiten zum Bier, wie der Halve Hahn für 2,50 € oder de Gulaschzupp für 3,10 €, sind günstig, aber auch die übrigen Gerichte auf der kleinen Karte sind lecker und nicht teuer. Das Eifeler Kotelett mit Bratkartoffeln und Salat bekommt man für 8,20 €, den üppigen Brauhausteller für 4,80 €, und nicht nur Himmel un Ääd met Flönz oder Kasseler mit Kraut schmecken hier Jung und Alt.

>> Dat es en Köbes-Weetschaff – und das leckere Essen und
   das gute Bier. <<

Sogar das junge Brauhaus von Köln, das Pütz, hat einen Beichtstuhl.
Dieser Beichtstuhl, auch Thekeschaaf – also Thekenschrank – oder
Kontörchen genannt, war früher dem Wirt als Abrechnungs- und
Kontrollstelle für Speisen und Getränke vorbehalten. Hier gitt et der
Schlüssel, et Telefon, de Bongs. Hier konnte man sich beschweren,
kann man immer noch, bruch mer ävver nit. Und hier kriegte der Kö-
bes auch seinen Schabau.

## Brauhaus Pütz 🍴 ☀

50674 Köln, Belgisches Viertel, Engelbertstr. 67 • Tel.: 0221/21 11 66
Ö: tägl. ab 16.30 Uhr • Anfahrt mit KVB: Linie 1, 6, 7, 12, 15 bis Rudolfplatz

### Essen ●●●●●●○
Die drei beliebtesten Gerichte:
• Dicke Bunne mit Speck und Kartoffeln
  6,40 €
• Himmel un Ääd mit Flönz 7,20 €
• Eifeler Kotelett mit Bratkartoffeln und
  kleinem Salat 8,50 €

### Trinken ●●●●●●○
• Kölsch 0,2 l 1,20 €
• Cola etc. 0,2 l 1,50 €
• Wasser 0,2 l 1,40 €
• Wein 0,2 l ab 2,50 €

### Service ●●●●●●●

### Ambiente ●●●●●●○

# Im Walfisch

Der Walfisch von 1626 in der Altstadt, Salzgasse 13. Aber dieses alte Brau- und Weinhaus war nicht immer hier. Bis 1935 stand es an der Ecke Tipsgasse/Salzgasse. Die Nationalsozialisten wollten aus diesem Arme-Leute-Viertel einen sauberen Vorzeigestadtteil machen. Im Rahmen dieser Sanierung wurde der Walfisch Stein für Stein an die Ecke Salzgasse/Auf dem Rotenberg versetzt.

Drinnen trifft sich alles: Geschäftsfreunde, die hier speisen, der Nachbar nimmt sein Abendessen ein, der Stammtisch kommt mindestens einmal die Woche zusammen, und die Großfamilie ist hier auch gern gesehen.

>> Ein kleines, gemütliches Brauhaus und nicht so abgezockt wie die anderen Brauhäuser. «

Der Zappes hinter der Theke füllt riesige Glaszylinder mit Kölsch. Die Bedienung schleppt die Röhren an die Tische. Wer soll denn daraus trinken? Des Rätsels Lösung: Köln ist die Stadt der Türme, deshalb gibt es auch einen Kölschturm. Da lässt man sich anstelle eines Pittermännchens diese Riesenstange füllen, mit drei Litern oder sogar fünf Litern Kölsch. Und wenn der Durst ganz groß ist, sag ich einfach: Maach der Hahn op, ich läg mich drunger!

>> Für uns als Ausländer, wir kommen aus der Pfalz, ist das hier ein schönes Ambiente. «

Einige der Gäste kommen speziell wegen der Küche hierher. Renner ist das Riesenbrauhauskotelett – 850 g Schweinefleisch mit geschmorten Zwiebeln, Bratkartoffeln und Salat. Wer davon nicht satt wird, kann ja noch ein Cordon bleu bestellen oder den großen Altstadtsalatteller mit Putenbrust verspeisen.

>> Die letzte Kneipe in der Altstadt, wo man noch einigermaßen gemütlich hingehen kann. «

Die Hauptgerichte sind allerdings zu teuer: von 10,- € an aufwärts für eine gute, aber normale kölsche Küche. Doch die Gäste finden's klasse hier.

>> Das gute Essen, das gute Kölsch und die gemütliche Stimmung, ist schön hier, ja. «

## Im Walfisch
50667 Köln, Altstadt, Salzgasse 13 • Tel.: 0221/257 78 79 • www.walfisch.net
Ö: Mo–Do ab 17 Uhr, Fr ab 15 Uhr, Sa/So ab 11 Uhr • Anfahrt mit KVB: Linie 1, 7, 9 bis Heumarkt

## Krebbers Bewertung:

**Essen** ●●●●●○○
Die drei beliebtesten Gerichte:
• Kornbrenner-Brett (Mett, Flönz, Leberwurst, Sülze, Käse etc.) 10,80 €
• Riesenbrauhauskotelett 12,80 €
• Sudhausteller: gegrilltes Haxenfleisch, Braunbiersoße, rheinischer Endiviensalat, Bratkartoffeln 13,80 €

**Trinken** ●●●●●●●
• Kölsch 0,2 l  1,45 €
• Cola etc. 0,2 l  1,80 €
• Wasser 0,2 l  1,70 €
• Kaffee 1,90 €
• Wein 0,25 l  ab 5,80 €

**Service** ●●●●●●○

**Ambiente** ●●●●●●●

# Kölsch Pinte

**Der Rhing es em Sommer ärg drüg.** Bei diesem Wetter sollte man sich ein angenehmes Plätzchen op der Schäl Sick suchen. Außerdem muss man ja mal überprüfen, was Victor Hugo 1838 auf seiner Rheinreise sagte: »Besser in Deutz wohnen und Köln sehen als umgekehrt.«

Da müssen sich die Linksrheinischen gut überlegen: erüvvertrecke? Denn von hier kann man Köln, das Köln, unser Köln richtig sehen. Hier in der Kölsch-Pinte unterhalb des Lufthansahochhauses.

≫ Die Aussicht, das gute Essen, der gute Eiskaffee. ≪

So lassen wir uns den Sommer gefallen: op der Schäl Sick mit einmaligem Köln-Blick sein Kölsch trinken, die Stange für 1,20 €. Andere bevorzugen Latte macchiato in der Riesenportion für 3,- € oder kühlen sich ab mit Eiskaffee, und der ist für 4,- € zu haben. Ab 12 Uhr sitzen hier schon die Gäste: um zu frühstücken oder ganz günstig Mittag zu essen oder sich einfach über das wunderschöne Panorama zu freuen und dabei kleine und größere Sachen zu sich zu nehmen.

≫ Der Blick ist fantastisch, und es zieht wirklich nette Gäste an. ≪

Das gilt auch für den FC: Aris, der Wirt, ist Vereinsfan, und einige Spieler haben schon oft hier gegessen: z. B. mit Käse überbackenes Schnitzel mit Brot für 8,90 €. Das schmeckt nicht nur gut, da kann man zwischendurch auch immer wieder den Blick schweifen lassen. Oder man versucht sich an Griechischen Bohnen mit Thunfisch und Rucola für 7,90 €.

>> Die Speisekarte ist sehr umfangreich, auch ein bisschen ausgefallen, und das Rheinpanorama ist einfach atemberaubend. <<

Die Salate gibt es in allen Variationen. Besonders lecker sind sie mit frischen Pfifferlingen für 9,90 €. Das Lokal: eine Entdeckung auf der anderen Seite des Flusses.

>> Man hat 'ne mediterrane Küche, man hat den schönen Dom im Blick, bei schönem Wetter braucht man gar nicht weg zu fahren. <<

Das Köln-Panorama von 1531: Rathausturm, Groß St. Martin und der unvollendete Dom mit Baukran. Fast 500 Jahre später sieht Köln noch genau so aus, natürlich sind der Fernsehturm, der Kölnturm und ein paar andere Häuser hinzugekommen. Aber das hier ist immer noch der Blick auf Köln. Um mit Ludwig Sebus zu singen: »Luur ens von Düx noh Kölle, vom Zauber bes de platt. Im Dunkelen, im Hellen, wie schön es doch uns Stadt.«

In Düx, in der Kölsch Pinte. Prost!

## Kölsch Pinte

50679 Köln, Deutz, Kennedy-Ufer 1 • Tel.: 0221/81 34 66 • Ö: Di–So 12.30–24 Uhr, Mo Ruhetag • Anfahrt mit KVB-Haltestelle: Linie 1, 9 bis Deutzer Freiheit

### Krebbers Bewertung:

**Essen** ●●●●●●○

Die drei beliebtesten Gerichte:
• Bockwurst mit selbst gemachtem Kartoffelsalat 5,90 €
• Schnitzel mit Käse überbacken, Tomate, Spargel und Brot 8,90 €
• Salatteller mit gebackenem Ziegenkäse, Honig und Pinienkernen 9,90 €

**Trinken** ●●●●●○○
• Kölsch 0,2 l  1,20 €
• Cola etc. 0,2 l  1,90 €
• Wasser 0,25 l  2,- €
• Kaffee 1,90 €
• Wein 0,2 l  ab 3,50 €

**Service** ●●●●●●○

**Ambiente** ●●●●●●●

# Max Stark

**Unter Kahlenhausen/Ecke Thürmchenswall ist wieder ein Treffpunkt entstanden** für Klatsch und Tratsch, Originale und Originelles. Die Gaststätte Max Stark, benannt nach dem Wirt, der früher dieses Lokal als echtes Original bis in die 1950er Jahre hinein bewirtschaftet hat und in seinem Viertel beliebt und bekannt war. Echt ist hier alles geblieben: vom Gast über das Kölsch bis zum Köbes. Echt kölsch auch die gesamte Einrichtung, nämlich echt Eiche. Wie das Fass, aus dem das Kölsch fließt. Hier treffen sich Menschen us dem Veedel und auch von weiter weg.

» Gemütlicher, als wenn es jetzt so 'ne Szenekneipe wär. «

Das liegt nicht nur an den flinken Köbessen oder der gemütlichen Einrichtung. Das Kölsch – dieses Kölsch – treibt die Kölner in Scharen in diese Brauhauskneipe. Denn das ist eine der wenigen Knei-

pen in Köln mit diesem ganz besonderen Kölsch.

>> Dat es e Kölsch, wat
lecker huh gezapp es,
un immer frisch. <<

Hee gitt et wirklich Päffgen Kölsch für 1,20 € das Glas, und fast nostalgisch, et Solei, das gab es früher immer auf der Theke im großen Glas. Und jetzt hier für 70 Cent mit Essig und Öl, Mostert, Salz und Pfeffer. Lecker und preiswert ist auch der Halve Hahn mit altem Holländer für 3,30 €. Viele preiswerte kölsche Kleinigkeiten gibt's hier – und dienstags immer Rievkoche z. B. mit Räucherlachs und Crème fraîche für 6,90 €. An der Theke wird getrunken und gegessen: beispielsweise Schweinekotelett mit Schmorzwiebeln und Pommes frites (9,50 €).

>> Und die Küche ist auch nicht
schlecht. <<

Aber die meisten kommen natürlich wegen des Kölsch hierher, Päffgen Kölsch us dem Pittermännche. Bei Hochbetrieb springen dann auch schon mal die Gäste ein und maache der Spöl; der Geist von Max Stark scheint durch den Raum zu wehen. Ja, und damit man schnell wieder an das nächste Bier kommt.

>> Do, wo et Päffgen gitt, es et immer nett, ne. <<

---

**Max Stark**

0668 Köln, Kunibätsveedel, Unter Kahlenhausen 47 • Tel.: 0221/200 56 33
www.max-stark.de • Ö: tägl. 11–1 Uhr • Anfahrt mit KVB: Linie 5, 6, 12, 15, 16, 18, 19 bis Ebertplatz

**Krebbers Bewertung:**

**Essen** ●●●●●●○

Die drei beliebtesten Gerichte:
Bratwurst mit Pommes frites 5,50 €
Schweinekotelett mit Schmorzwiebeln und Pommes frites 9,50 €
Wiener Schnitzel mit Pommes frites und Salat 12,90 €

**Trinken** ●●●●●●●
• Kölsch 0,2 l  1,20 €
• Cola etc. 0,2 l  1,50 €
• Wasser 0,25 l  1,50 €
• Wein 0,2 l  2,80 €

**Service** ●●●●●●●

**Ambiente** ●●●●●●○

# Oellig

**St. Agnes ist die zweitgrößte Kirche Kölns – ja, nach dem Dom natürlich.** Seit 1909, kurz nachdem die Kirche fertig war, gitt et gägenüvver dovun dat Oellig anstelle einer Pferdetränke. Seitdem heißt es: Et drinkt der Minsch, et süff dat Pääd, en Kölle es et ömgekehrt. Anfang der 1930er Jahre war der Wirt Oellig auch Küster von St. Agnes. Schon damals wurde Reissdorf Kölsch ausgeschenkt – zum Abendmahl. Na gut, dat es ene fromme Wunsch, et gov suure Wing. Ävver noh der Mess, lecker Kölsch. Und dat gitt et immer noch em Oellig, Stang för Stang för Stang es dat et Grundnahrungsmeddel für die Lück us dem Agnesveedel.

>> Seit 35 Jahren mein zweites Zuhause. <<

Ob Jung oder Alt, seit fast 30 Jahren serviert Ingrid Remmel das auch bei vielen Frauen beliebte Kölsch für gute 1,20 € die Stange.

>> Supernette Wirtsleute, lecker Reissdorf Kölsch, und Essen ist auch hervorragend. <<

Wer will, bekommt einen Wein, aber am beliebtesten ist immer noch e lecker Kölsch in dem Wohnzimmer neben der Agneskirche.

>> Urkölsch es et, so typisch. Man kann hier kölsche Gerichte essen, Kölsch trinken, hi, hi, oder auch 'nen leckeren Wein. <<

An der Theke schmeckt es auch: z. B. Salat mit Ziegenkäse in Speck für 8,50 €, Speckpfannekuchen für 7,90 € oder der Stramme Max für 6,90 €. Sülze gitt et und Sauerkrautroulade mit Kartoffeln für 6,90 €.

>> Schöne, alte kölsche Kneipe mit 'nem gepflegten Kölsch und 'nem guten Essen. <<

Die kleinen Speisen zum Kölsch sind billig und können sich sehen lassen; die meisten Hauptgerichte, wie die Medaillons auf Bandnudeln für 13,80 €, sind zu teuer. Spezialität ist die dicke Gewürzgurke mit gebratener Flönz, Öllich und Bratkartoffeln.

   Oellig heißt ja Zwiebel, und – ein Knubbel, eine Gruppe der Rude Funke, heiß och Oellig. Die ehemaligen Stadtsoldaten woren ech ärm Säu, sie mussten sich mit Nebentätigkeiten ein paar »Lappöhrche« dazu verdienen und so ihren Sold aufbessern. Die »Dilldöppche« passten op die Pänz op. Die »Strickströmp« saßen strickender Weise auf Wachposten. Und die »Oellig« halfen in der Küch und im Haushalt.

---

**Oellig**
50670 Köln, Agnesviertel, Neusserstr. 87 • Tel.: 0221/73 44 98
www.gasthaus-oellig.de • Ö: Mo–Fr 17–1 Uhr, Sa 18–1 Uhr, So 11–15 Uhr, 18–1 Uhr • Anfahrt mit KVB: Linie 6, 12, 15 bis Lohsestr.

**Krebbers Bewertung:**

**Essen** ●●●●●●○

Die drei beliebtesten Gerichte:
Flönz gebraten, Röstzwiebeln, Gewürzgurke und Röstkartoffeln 7,70 €
Krüstchen mit Spiegelei, Röstkartoffeln und Salat 9,60 €
Rheinischer Sauerbraten, Bandnudeln und Apfelmus 11,90 €

**Trinken** ●●●●●●○
• Kölsch 0,2 l  1,20 €
• Cola etc. 0,2 l  1,65 €
• Wasser 0,25 l  1,70 €
• Kaffee 1,70 €
• Wein 0,2 l  ab 3,- €

**Service** ●●●●●●●

**Ambiente** ●●●●●●○

# Schreckenskammer

**Die vielen Knöchelchen in der goldenen Kammer von St. Ursula, das könnte für viele eine Schreckenskammer sein.** Die Reliquien sind zu einer schönen Knochenausstellung arrangiert, aber direkt neben der Kirche liegt das älteste, private Brauhaus Kölns – die Schreckenskammer, mehr als 560 Jahre alt. Der Name Schreckenskammer soll im Mittelalter entstanden sein, als die Gefangenen nach ihrer Verurteilung auf dem Weg zur Richtstätte in das Brauhaus zur Henkersmahlzeit geführt wurden. Da blieb dann och op dem Teller en Knochesammlung zoröck – vum lecker Hämmche. So liegen Levve un Dud ganz noh beienand.

≫ Alt, Jung, alles es da vertreten. Ja, dat es hee em Veedel, man kennt die Leute. ≪

Weißer Sand als Scheuermittel und Schmutzfänger liegt auf dem Kneipenboden. Die Schreckenskammer ist ein urtypisch kölsches Wirtshaus, das vielleicht letzte in einer Reihe von privaten Brauhäusern, die es einmal in Köln gab.

≫ Das Besondere es einfach, et es 'ne urkölsche Kneipe. ≪

Rheinische Mahlzeiten bekommt man zu zivilen Preisen, die Köbesse sind sympathisch – aber die Öffnungszeiten: knapp drei Stunden um die Mittagszeit und abends nur bis halb Elf, das sind ja alt-englische Sitten. Wie kann man nur, bei diesem süffigen Kölsch, un dat koss 1,40 € de Stang.

>> Diese wunderbaren Kellner, ganz furchtbar sympathisch, zuvorkommend, attraktiv und sexy. <<

Das Essen hier ist richtig deftig, manchmal auch jet heftig viel für den Magen. Aber die Karte zeigt ein übersichtliches Angebot von Schnitzelgerichten, z. B. mit Fritten und Salat. Neben Muscheln und Rievkoche (die gitt et nur friedags), findet sich eine schöne Auswahl von weiteren kölschen Gerichten, von Himmel un Ääd für 6,80 € über Krüstchen bis zum Hämmchen mit Sauerkraut für 9,- €.

>> Besonders gutes Essen ha'm se, reichlich, jeder wird satt, die Auswahl ist gut, und vor allen Dingen, et Kölsch schmeckt gut. <<

Das Brauhaus im Besitz der Familie Wirtz – eine Anlaufstelle abseits der Touristenpfade in der Innenstadt. Für den Namen Schreckenskammer gibt es aber noch 'ne andere Erklärung. Früher lag das Lokal an der Johannisstraße, Ecke Goldgasse, heute Breslauer Platz. Und da gab es damals die Eisenbahner-Lehranstalt. Die Prüflinge mussten, weil der Platz so eng war im Gebäude, in der Kneipe, im Brauhaus, ihre Prüfung ablegen. Das war dann für sie die echte Schreckenskammer, aber das ist ja vorbei, und dafür gitt et jetzt lecker Kölsch. Prost!

## Schreckenskammer 🏨 ☼

50668 Köln, Innenstadt, Ursulagartenstr. 11–15 • Tel.: 0221/13 25 81
www.schreckenskammer.com • Ö: Mo–Fr 11–13.45 Uhr, 16.30–22.30 Uhr, Sa 11–14 Uhr, So Ruhetag • Anfahrt mit KVB: Linie 5, 16, 18, 19 bis Breslauerplatz

### Krebbers Bewertung:

**Essen** ●●●●●○○

Die drei beliebtesten Gerichte:
▸ Rievkooche met Schwarzbrot und Butter (nur friedachs) 4,80 €
▸ Himmel un Äd 6,80 €
▸ Hämchen met Sauerkraut un Püree 9,- €

**Trinken** ●●●●●●
• Kölsch 0,2 l  1,40 €
• Cola etc. 0,2 l  1,70 €
• Wasser 0,2 l  1,70 €
• Kaffee 1,30 €
• Wein 0,2 l  ab 2,50 €

**Service** ●●●●●○

**Ambiente** ●●●●●○○

# Thieboldseck

**Vom Neumarkt ab in die Thieboldsgasse.** Im 13. Jahrhundert
hat sie ihren ursprünglichen Namen erhalten, op lateinisch platea
profunda – dat heiß »tiefe Gasse«. Deepe Gass och deshalb, weil
der weiche Lehmboden der Straße tief und hohl ausgefahren war.
Im Gegensatz zur Parallelgasse, dem Mauritiussteinweg, der auf
Fels gebaut war. Der lag im Mittelalter ca. drei Meter höher. Deswegen fährt do och de Stroßebahn un hee op dem »Boden der Tatsa-
chen« künne mer en et Thieboldseck gonn. Hee gitt et Kölsch op
Vürrod, es könnte ja zu schnell zur Neige gehen. Denn das frische
Kölsch vom Fass für 1,10 € die Stange ist zügig getrunken. Für flot-
ten Nachschub ist immer gesorgt, und wie üblich in 'ner kölschen
Kneipe werden schon zum Mittagessen ein paar Bierchen getrunken. Die übrigen Getränke bekommt man aber auch günstig und
schnell, besonders weil die Gäste beim Fässerwechsel den Mädels
vom Service unger de Ärm griefe.

>> Man kann hier schön lecker essen und trinken, und dat lecker Bier, do häs de Pech gehatt, wenn de noch kei gedrunken häs. <<

Den frischen Mostert gitt et us dem Pott, nit us der Plastiktüt, zur Bratwurst mit Rosenkohl und Salzkartoffeln für 6,50 €. Das hausgemachte Gulasch mit Nudeln und Salat kommt für 7,50 € auf den Tisch. Die Hähnchenbrust mit Pfeffersoße kostet 7,50 €, das Schweinefilet auf Toast ebenfalls.

>> Dat Esse es immer god hee, dat mäht en richtig kölsche Mamm. <<

Eine gutbürgerliche, preiswerte Küche und die echt kölsche Atmosphäre machen diese Kneipe zum Hit.

>> Ist 'ne unheimlich nette Stimmung hier, unheimlich nettes Flair, und man fühlt sich irgendwie wie zu Hause. <<

Hier treffen sich die Gassen, Lungengasse und Thieboldsgasse. An der Ecke Thieboldsgasse 146 lag früher die Bierbrauerei Gymnicher Hof. Übrig geblieben ist nur noch de Bürgerstuff hee op der Eck, als echte kölsche Kneipe.

>> Ach, dat es et Wonnzemmer us em Veedel. <<

Der frankophone Ferdinand Franz Wallraff erfand Anfang des 19. Jahrhunderts den Namen Rue Thibaut, also Theobaldgasse. Ävver Deepe Gass blievff Deepe Gass.

---

## Thieboldseck

50676 Köln, Innenstadt, Lungengasse/Ecke Thieboldsgasse • Tel.: 0221/21 44 34
Ö: Mo–Sa ab 10.30 Uhr, So Ruhetag • Anfahrt mit KVB: Linie 1, 3, 4, 7, 8, 9, 16, 18, 19 bis Neumarkt

### Krebbers Bewertung:

**Essen** ●●●●●●○

Die drei beliebtesten Gerichte:
- Kotelett mit Kartoffelsalat 7,50 €
- Hausgemachtes Gulasch mit Brötchen 4,- €
- Bratwurst mit Rosenkohl, Salz- oder Bratkartoffeln 6,50 €

**Trinken** ●●●●●●●
- Kölsch 0,2 l  1,10 €
- Cola etc. 0,2 l  1,30 €
- Wasser 0,2 l  1,10 €
- Kaffee 1,30 €
- Wein 0,1 l  ab 1,30 €

**Service** ●●●●●●●

**Ambiente** ●●●●●●○

## Torburg

Alaaf, mer han Fastelovend, mer gonn singe: »Veedel zesamme, stonn se all parat, Karawane weiter, Mädcher kriesche, han och immer Doosch. En Pri-, en Pra-, en Prummetaat, do bes e Geföhl.

Dreimol Null, met Hätz un Siel. Kuomm loss mer fiere, mer gonn eine drinke, drinke, drinke.

Mädche, dat schmeck wie Appeltaat. Op singem aale Plaatz, alle Mann in der Torburg da.

Samma somma ma ? Sag jetz bloß nit nä.«

Da erhebt sich kölsche Siel un singk voller Inbruns un Spass. Text in der Hand, do kann jeder metmaache.

>> Hab ich noch nie mitgemacht, aber richtig toll. <<

E lecker Kölsch dazu, selbst an den tollen Tagen für 1,30 € un en der Torburg an der Vringspoz gibt die Gruppe »Famillich« nur den musikalischen Anstoß zum Singen.

>> Also heute Abend ist das mit der Musik ja wunderbar, ansonsten ist das einfach dat kölsche Geföhl, was man hier so hat. <<

Kölsch drinke, Leedcher singe, Mädcher bütze, doför triff sich der Kölsche gään in der Weetschaff.

>> Dat es löstig, dat mäht dem Hätz Freud. <<

Kölsche Musik, selvsgemaht un selvsgesunge, es in. Do triff der Imi de Kölsche, un die Junge un Mädcher vum Personal han och ehre Spass.

>> Die Stimmung, spontan, alle sind zusammen, singen, haben Spaß, herrlich, typisch kölsch, würd ich sagen. <<

Die Torburg hat schon god trainiert für die tollen Tage.

>> Dat es et schönste Lokal em Kölner Süde, ming Stammweet- schaff, ich kumm us Rudekirche, un ich kumm immer gään hee hin. <<

Hügg es Fastelovend, der Abend vor dem Fasten. Äschermedd- woch heiß et: Fleisch lebe wohl – Carne vale! Wä fröher stirv, es län- ger dud, un weil mer vill länger dud sin wie mer levve, singe mer. Och wann nit et ganze Johr Karneval es, en der Torburg es immer jet loss.

---

## Torburg

0678 Köln, Vringsveedel, Kartäuserwall 1 • Tel.: 0221/31 04 593 • Ö: tägl. ab 10 Uhr
Anfahrt mit KVB: Linie 6, 15, 16 bis Chlodwigplatz

### Krebbers Bewertung:

**Essen** ●●●●●○○
Die drei beliebtesten Gerichte:
Frikadelle 1,40 €
(Essen kann aus der Gaffelstube nebenan serviert werden.)

**Trinken** ●●●●●●●
• Kölsch 0,2l  1,05 € (Fastelovend 1,30 €)
• Cola etc. 0,2l  1,40 € (Fastelovend 1,50 €)
• Wasser 0,2l  1,40 € (Fastelovend 1,50 €)
• Kaffee 1,40 € (Fastelovend 1,50 €)
• Wein 0,25l  ab 3,20 € (Fastelovend 3,50 €)

**Service** ●●●●●●●

**Ambiente** ●●●●●●○

# Wirtshaus Spitz

**Der Ebertplatz – fröher kunnt mer do tirek drüvver latsche un dann üvver de aal Römerstroß bes noh Nüüss.** Kaum waren die Kohorten us dem Eigelsteintor erus, säht der Gaius zum Markus: »Hür ens, Jung, mir dun de Föß wih, lo' mer eine drinke.« Ein Colonia oder ein Aqua, ävver kei Aqua de Colonia. Wo jetz et Weetshuus Spitz es, do wor en Taberna, eets aal römisch un zick 1902 en Kneip.

>> Is' wieder neu aufgemacht, sagen wa mal so, et is' nicht mehr so pompig, wissen Se, wie et zuletzt wor.≪

Gute süddeutsche Weine gibt es da, weil die Wirtsleute Schwaben sind. Das Viertele weiß oder rot wird ab 3,90 € ausgeschenkt, badischer Grauburgunder oder Württemberger Trollinger, aber – keine Angst – Kölschtrinker kommen auch auf ihre Kosten. Den halben Liter Weizen gibt's für 3,20 €, die Stange Kölsch für gute 1,20 €. Da zischt man gerne vor der Fastelovendssitzung ein frisches Bierchen, bevor es an die kalte Ente gehen muss.

>> Ich hab die Speisekarte schon
mal studiert und muss sagen,
recht zivile Preise. <<

Und das für eine gemischte Küche:
bei kölschen Gerichten wie dem Halven Hahn sind die Öllige op dem Teller der schwäbische Einschlag. Es
gibt eine Speisekarte, die ist ein bisschen badisch oder süddeutsch ge-
färbt, neben den kölschen Sachen.

>> Das ist 'ne gelassene Stim-
mung, es gibt lecker Kölsch
und lecker Essen. <<

Für die Liebhaber der süddeutschen
Küche finden sich dort Kässpätzle mit
Salatteller für 5,90 € oder Flädlesüp-
ple. Der Gast bekommt zur Rheini-
schen Bratwurst auf Wirsing den

Mostert im Töpfchen, nit us dem Plastikbüggel. Außergewöhnlich:
Viele vegetarische Speisen sind zur Auswahl, ävver natörlich gitt et
och Levverwoosch, Rievkooche un Haxe.

Haida nai, han mir a Kehrwoch? Sie wisset, dass das Spitz a
schwäbische Boiz – das heischt Kneipe – ist, und außer Spätzle,
Maultäschle, Zwiebelroschtbrate und Flädlesuppe gitt et och Häm-
cher un Halve Hahn. Wennet Sie in das Kölschglas nei rufe: »Hallö-
le … öle, öle, öle«, was höret Sie da? Das ist der Schwäbisch Hall.
Und danach ist das Kölschglas gleich wieder voll.

---

**Wirtshaus Spitz** 🏠 ☼

50670 Köln, Agnesviertel, Neusserstr. 23 • Tel.: 0221/716 69 94
www.wirtshaus-spitz.de • Ö: tägl. 11–24 Uhr • Anfahrt mit KVB: Linie 5, 6, 12, 15,
16, 17, 18, 19 bis Ebertplatz

## Krebbers Bewertung:

**Essen** ●●●●●○
Die drei beliebtesten Gerichte:
• Kässpätzle mit frischen Röschtzwiebel
und Salat 5,90 €
• 3 geschmälzte Maultaschen mit Kartoffelsalat und Sößle 5,30 €
• Rheinische Bratwurst auf Rahmwirsing
und Salzkartoffeln 7,40 €

**Trinken** ●●●●●○
• Kölsch 0,2 l  1,20 €
• Cola etc. 0,2 l  1,70 €
• Wasser 0,25 l  1,70 €
• Kaffee 1,50 €
• Wein 0,1 l  ab 1,60 €

**Service** ●●●●●○

**Ambiente** ●●●●●○

# Wirtz

Isabellenstraße/Ecke Jakobstraße dort befindet sich die Gast-stätte Wirtz und liefert seit über 100 Jahren Kölsch-Service für die Südstadt, auch für die Kartause drüben und das Klösterchen dort. Wo früher die Kartäusermönche wohnten, sind jetzt die Evangelen, und seit über 125 Jahren im Severinsklösterchen die Augustinerin-nen. Bestimmt haben sich Katholiken und Protestanten schon mal im Wirtz getroffen, zum ökumenischen Trinken. Und bevor die Pa-tienten zurück ins Klösterchen an den Tropf müssen, nehmen sie hier gern noch einen kleinen Einlauf.

>> Das ist das Beste in Köln, Krankenhaus, Veedel und Kneipe, ist immer alles eins.«

Das Kölsch fließt hier für 1,10 € in die Stange, das ist ein echt juter Preis. Am frühen Abend sind schon die ersten Gäste im Wirtz, treffen sich Fründe usem Veedel und Stammtische außer zum Kölsch auch schon mal zu Mainzer Aktienbier aus dem Fass oder süffele en Weinche das 0,2 l Glas für 3,10 €.

>> Richtig schön alt, seit zig Jahren nicht renoviert, glaub ich, und nur schön.«

Hier steht keiner lange auf dem Trockenen, und der »Freigänger« von drüben aus dem Klösterchen wird auch gleich versorgt.

>> Und vor allen Dingen kann man hier ganz doll Fastelovend fiere.«

Dat es jo en Kölle mindestens eimol em Johr, ävver dinstags gitt et lecker Rievkoche, drei Stück für 3,50 €. Die Happen zum Bier sind prima, und der Halve Hahn kostet nur 2,60 €. Beliebt ist auch das Champignonschnitzel mit wundervollen Bratkartoffeln für 12,- € oder die gleichen leckeren Kartoffeln zum dicken, aber butterweichen Kotelett à la Lommi (9,- €). Wunderbare Küche, tolle Kneipe.

>> Mer kennt sich, mer süht sich, mer hört sich … Am lustigsten finde ich die kölschen Töne, die man hier hört, die sind einfach fantastisch.«

---

## Wirtz 🏠

50678 Köln, Vringsveedel, Isabellenstr. 1 • Tel.: 0221/31 48 39 • www.wirtz-koeln.de
Ö: Mo/Di/Do/Fr 17–1 Uhr, Sa 11–15 Uhr, 17–1 Uhr, So 17–1.30 Uhr, Mi Ruhetag
Anfahrt mit KVB: Linie 6, 12, 15, 17 bis Chlodwigplatz

### Krebbers Bewertung:

**Essen** ●●●●●●○
Die drei beliebtesten Gerichte:
• Kotelett mit Bratkartoffeln und Salat 9,- €
• Rumpsteak mit Kräuterbutter oder Meerrettich, Bratkartoffeln und Salat 14,- €
• Champignonschnitzel mit Bratkartoffeln und Salat 16,50 €

**Trinken** ●●●●●●○
• Kölsch 0,2 l  1,10 €
• Cola etc. 0,2 l  1,40 €
• Wasser 0,25 l  1,40 €
• Kaffee 1,60 €
• Wein 0,2 l  ab 3,10 €

**Service** ●●●●●●○

**Ambiente** ●●●●●●○

# Zum Scheurer

**Stellen Sie sich vor, wir sind im Mittelalter und landen mit unserem Lastkahn am Ufer der Groov in Porz-Zündorf.** In Köln herrscht das Stapelrecht, das heißt, auf jede über den Rhein transportierte Ware werden Steuern erhoben. Dann doch lieber ohne Steuern, rechtsrheinisch über Zündorf an Köln vorbei nach Mülheim. Dazu benutzte man Pferd und Wagen oder auch eine Schubkarre, en Schürreskaar. Und die Schieber hießen Scheurer. Es könnte diese Kneipe gewesen sein, wo die Fuhrleute, die Schauerleute gegessen und getrunken haben: Zum Scheurer. Un wat han se getrunken? Frisches Kölsch aus dem Pittermännchen, die Stange für 1,25 €. Das ist zwar fast an der Schmerzgrenze für einen Kölschtrinker, aber jedenfalls gitt et et Bier nicht im Eimer auf der Terrasse, vorbildlich, im Gegensatz zu manchen Biergärten, die dem Gast immer noch die unmöglichen großen Kölsch aufdrängen.

>> Vor allen Dingen im Garten ein 0,2 l Bier. <<

Kinder bekommen natürlich auch ihre kleinen Getränke, und als Alternative wird im Biergarten ein wunderbarer Cappuccino für 1,70 € angeboten.

>> Frisches Kölsch und et Essen is phänomenal. Man fühlt sich, als wenn man sich in einem ur-kölschen Märchen befinden würde. <<

Und da werden von der Köbes-Fee Wünsche erfüllt: Himmel un Ääd met Flönz für 8,50 €. Oder auch der Nudelteller: Spaghetti mit Pfifferlingen und gebratener Hähnchenleber in Rotwein-Balsamico-Soße für gute 8,20 €. Der Vegetarier kann hier gebratene Champignons auf Tomatenscheiben mit Mozarella und jungem Gouda überbacken für 8,90 € bestellen.

>> Dat is die reine Gemütlichkeit. <<

Alle Gerichte sind reichlich bemessen: Den Salat Pute gibt's mit einer Folienkartoffel und viel Fleisch. Ob Salat oder gebratenes Kassler – die Portionen sind immer groß un god.

>> Ich komm von hier, und das ist eigentlich das Beste, was es hier gibt. <<

Ich habe vom Stapelrecht Gebrauch gemacht, gegessen, getrunken, wieder gegessen, wieder getrunken … Ich hab, glaub ich, zu hoch gestapelt. Wie komm ich jetzt noh Hus? »Herr Wirt, können Sie mir noch mal zeigen, wie die das früher gemacht haben? Ich setz mich in die Schubkarre, und Sie schieben mich.«

Wat ene Service, der Wirt als Scheurer, und ich im Taxi des Mittelalters. »Sie machen das sehr, sehr gut, Herr Wirt.« – Tja, wä fuul es, muss och schlau sin.

---

## Zum Scheurer

51143 Köln, Zündorf, Kirchstr. 10 • Tel.: 02203/860 20
www.brauhaus-zum-scheurer.de • Ö: Mo–Sa 12–1 Uhr, So 12–23 Uhr
Anfahrt mit KVB: Linie 7 bis Zündorf

### Krebbers Bewertung:

**Essen** ●●●●●●○
Die drei beliebtesten Gerichte:
• Spaghetti mit Pfifferlingen und gebratener Hähnchenleber in Rotwein-Balsamico-Soße 8,20 €
• 150 gr. Rumpsteak, Zwiebeln, Rievkooche und Sauce bearnaise 11,90 €
• 250 gr. Rumpsteak mit gebratenen Scampis auf Kräuter-Knoblauch-Soße, Kroketten und Salat 15,50 €

**Trinken** ●●●●●●○
• Kölsch 0,2 l  1,25 €
• Cola etc. 0,2 l  1,40 €
• Wasser 0,2 l  1,40 €
• Kaffee 1,50 €
• Wein 0,2 l  ab 3,50 €

**Service** ●●●●●●○○

**Ambiente** ●●●●●●○

# Kneipe/Bar

# Bastard

Ehrenstraße 96–98: Krimibuchhandlung Alibi – spannende Bücher und ab ins Bastard; Ehrenstraße 96–98: Zu Fuß – bequeme Schuhe und schnell ins Bastard; Senso Unico: Mode – mit schicken Klamotten rein ins Bastard; Friesenwall 29: Rosalito, Friseur – super Haarschnitt und dann flott ins Bastard. Viele Wege führen hierhin.

Das Bastard ist ein freundliches Lokal, mit einem außergewöhnlichen, aber warmen Ambiente. Die 1970er Jahre lassen grüßen.

≫ Es macht einfach Spaß, hier zu sein.≪

Zu essen gibt es in diesem Bistro nur Kleinigkeiten: Ciabatta, gut belegt ab 3,- € oder auch Salate, schon ab 5,50 €, und natürlich den ganzen Tag über ein prima Frühstück ab 2,50 bis 5,- €.

≫ Ich mag das Essen, ich mag die Getränke, ich mag die Leute, die hierhin kommen.≪

Die Heißgetränke sind fast alle günstig: Espresso 1,50 €, Milchkaffee im Glas 2,50 €. Das Kölsch ist mit 1,40 € die Stange zu teuer, Alkoholfreies bekommt man ab 1,60 €. Kristall- und Hefeweizen für 3,10 € sind noch okay.

>> Ich bin eigentlich immer hier nach Feierabend und trink mein Feierabendbierchen. <<

Den ganzen Tag haben alle das »Schüttelfieber«, denn die Cocktails kosten nur 4,50 €. 25 Cocktails stehen zur Auswahl. Der Erdbeer-Daiquiri aus frischen Beeren ist der Hit.

>> Hier gibt's die besten Caipirinhas und Pinacoladas. <<

Drei- bis viermal die Woche legt abends ein DJ Platten auf, und draußen sitzen immer noch ein paar Gäste im ruhigen Hinterhofgarten.

>> Nette Musik, nette Leute. <<

Zum Abschluss – der Balkon des Bastard. Hier kann man 35 Schafe weiden, oh, Romeo und oh, Julia spielen, mit dem Papst ein Duo bilden, überall Geranien und Efeu pflanzen, gucken, spinksen, relaxen. Et fehlt nor vum Balkon die Aussicht op der Dom. Jo, dann müssen se dat alles drömeröm avrieße.

---

## Bastard 🏠 ☀

50672 Köln, Innenstadt, Friesenwall 29 • Tel.: 0221/420 77 77 • Ö: tägl. ab 11 Uhr
www.bastard-bar.de • Anfahrt mit KVB: Linie 1, 6, 7, 12, 15 bis Rudolfplatz

## Krebbers Bewertung:

**Essen** ●●●●●○○
Die drei beliebtesten Gerichte:
• Frühstück von 2,50 € bis 5,- €
• Ciabatte ab 3,- €
• Salate ab 6,50 €

**Trinken** ●●●●●○○
• Kölsch 0,2 l  1,40 €
• Cola etc. 0,2 l  1,80 €
• Wasser 0,25 l  1,60 €
• Kaffee 1,80 €
• Wein 0,2 l  ab 3,20 €

**Service** ●●●●●●○

**Ambiente** ●●●●●○○

# Braustelle

**An der Ecke Christianstraße/Venloerstraße in Ehrenfeld** eröffnete die Bergische Löwenbrauerei aus Mühlheim 1895 eine Schankwirtschaft. Am denkmalgeschützten Haus sieht man heute noch die Löwenköpfe. Ganz früher wurden auf dem Ziegelfeld, dem heutigen Ihrefeld, Steine gebrannt. Jetzt wird nicht mehr gebrannt, sondern gebraut.

Helios heißt das Bier, das hier gezapft wird, nach dem griechischen Sonnengott, der auch Namenspatron der Elektrizitätswerke in Ehrenfeld war. Weil es naturtrüb, ungefiltert ist, darf es sich nicht Kölsch nennen, obwohl – für mich es et dat: hell, obergärig un lecker.

>> Ja, das schmeckt anders als Kölsch, aber es ist o.k. <<

Auch das Weizenbier hat eine hervorragende Qualität. In der kleinsten Brauerei von Köln braut Braumeister Peter Esser in der Kneipe sein eigenes Bier. Die Sudkessel stehen mitten in der Gaststube.

>> Also, ich finde das einfach toll, dass das Bier hier gebraut wird, und das gibt's halt sonst nicht. <<

Der beim Brauen übrig bleibende Malztreber gibt dem frisch gebackenen Brot einen würzigen Geschmack. Dieses leckere Brot ist die Grundlage des Ehrenfelder Brotzeittellers für 4,20 € mit Wurst, Schinken und Käse. Trebatschi – drei Küsse – heißt die kleine Köstlichkeit aus Brotteig und einer Fleisch-, Käse- oder Gemüsefüllung. Mehr als 7,- € muss keiner für die Kleinigkeiten zum Bier und die deftigen, aber nicht fetten Speisen ausgeben. Der Gast genießt und spricht.

>> Es ist gemütlich, es ist schön, die Leute sind nett, das Bier schmeckt gut, das Essen ist lecker. <<

In den Sudkesseln wird ein- bis zweimal die Woche Weizenbier, Kölsch, Bock- und auch – Achtung! – Altbier (tja, wer es mag) gebraut.

>> Das ist das beste Bier, was ich jemals in Köln getrunken habe. <<

Das Leben ist eine Braustelle – ach, gäb es doch noch mehr von diesen wunderbaren Braustellen. Ich muss Ihnen ein Geheimnis verraten, das Weizenbier schmeckt besser als das Kölsch.

## Braustelle ⛰️ 🏠

50825 Köln, Ehrenfeld, Christianstr. 2 • Tel.: 0221/285 69 32
Ö: Mo–Sa 18–1 Uhr, So ab 9 Uhr • Anfahrt mit KVB: Linie 3, 4 bis Leyendeckerstr.

### Krebbers Bewertung:

**Essen** ●●●●●●○
Die drei beliebtesten Gerichte:
• Malztreberbrot mit Zwiebelmett 2,20 €
• Ehrenfelder Brotzeitteller 4,20 €
• Biergulasch mit Semmelknödeln 4,80 €

**Trinken** ●●●●●●●
• Helios (Kölsch) 0,2 l  1,20 €
• Cola etc. 0,33 l  1,80 €
• Wasser 0,3 l  1,60 €
• Kaffee 1,60 €
• Wein 0,2 l  ab 3,50 €

**Service** ●●●●●●○

**Ambiente** ●●●●●○○

# Fiffi-Bar

**Der Hund ist der beste Freund des Menschen.** Das haben sich auch die Besitzer der Fiffi-Bar gedacht. Also, das ist keine Bar nur für Hunde, da dürfen Menschen in Hundebegleitung, aber auch alleine rein. Fiffi-Bar in der Kölner Südstadt, das heißt: keine Angst vor großen Beißern. Der Gast in der Fiffi-Bar nimmt auch schon mal seinen treuen Freund mit, und für beide ist hier natürlich bestens gesorgt – frei nach Heinz Ehrhardt: Nur Wasser trinkt der Vierbeiner, der Mensch findet Bier feiner. Das Kölsch kostet 1,60 € die Stange. Der zweibeinige Gast entdeckt in der Cocktailkarte Mixgetränke à la Fiffi. Der »Königspudel« – ein feuchter, feinherber Longdrink – findet sich zwischen »Waldi«, einer süßen Frechheit und dem »Bloody Mastiff«, einem eleganten Longdrink.

≫ Wenn ich mal Hunde haben will, geh ich hier hin. ≪

Die Barfrau mixt den Cocktail »Tollwut«: Gin, Tequila, Wodka, Triple Sec, Zitronensaft und Cola. »Tollwut« – das haut auch den stärksten Hund um.

≫ Ich finde, dass es hier viele schöne Fiffis gibt, vierbeinige und zweibeinige. ≪

Das Lokal schwelgt im Vierbeinerlook. Liebevolle Details, wie die Lampenhalter, sind keine ausgeweideten Hundekörper, sondern die Hinterteile der Wackeldackel, die hier im Rudel das Maul halten müssen.

≫ Ich bin keine Hundeliebhaberin, aber die Kneipe ist nett. ≪

Außergewöhnlich auch die Toiletten. Auf dem Männerklo Hunde, wohin man schaut, der stille Ort lädt zur gemütlichen Einkehr. Platz!!! Da weiß man, wo man hingehört.

Das Damenklo ist eine romantische Offenbarung, Text an der Wand von Thomas Mann … Herr und Hund.

>> Das Schöne finde ich, dass es ganz gut aufgemacht ist, dass es uns Hundefreunde anspricht, den Hund im Menschen. «

Ob Herr und Hund (Mir wär'n jetzt ein paar Katzen lieber …) oder Herrchen und Frauchen (Ich persönlich hab Schweine …) sich dann zu später Stunde auf den Heimweg machen, bis zum nächsten Besuch der Fiffi Bar. Aus!! Fuß!!

---

## Fiffi-Bar
50677 Köln, Südstadt, Rolandstr. 99 • Tel.: 0221/340 62 11 • www.fiffi-bar.de
Ö: So–Do 21–2 Uhr, Fr/Sa 21–3 Uhr • Anfahrt mit KVB: Linie 6, 12, 15, 16, 17 bis Chlodwigplatz

### Krebbers Bewertung:

**Cocktails** ●●●●●●○
Die drei beliebtesten Cocktails:
• »Mach Männchen« – Rum, Vanillelikör, Limetten-, Erdbeer- und Maracujasaft 6,60 €
• »Kokosschnauze« – Rum, Batida de Coco, Orangensaft, Mangosirup 6,60 €
• »Pitbullbaby« – Wodka, Whisky, Johannisbeer- und Zitronensaft 7,40 €

**Trinken** ●●●●●●○
• Kölsch 0,2 l  1,60 €
• Cola etc. 0,2 l  2,- €
• Wasser 0,2 l  1,40 €
• Kaffee 2,20 €
• Wein 0,2 l  ab 2,60 €

**Service** ●●●●●●○

**Ambiente** ●●●●●●○

# Hotzenplotz

**An der Ecke Chamissostraße/Eichendorffstraße in Ehrenfeld**
treffen nicht nur zwei romantische Dichter aus dem 19. Jahrhundert
aufeinander, nein, hier hat sich auch der Räuber Hotzenplotz versteckt. Aber wo finde ich ihn, den Mann mit den sieben Messern?
Der verschlagenste Räuber der Welt hat sich hier einfach im Wirtshaus Hotzenplotz niedergelassen. Vielleicht überrasche ich ihn ja
bei seinem Lieblingsgericht – Würstchen mit Sauerkraut. Sein Lieblingsgetränk: Kölsch, und die Stange gibt's für nur 1,15 €.

>> `Dat Kölsch es lecker, schön kald, immer god temperiert.` <<

Warum soll man da noch was anderes trinken, obwohl alle Getränke hier günstig sind. Selbstverständlich kriegt man auch kleine
Kölsch im schönen Biergarten, und der geht nahtlos über in die
Kneipe. Wasser kostet 1,30 €, die Cola 1,50 € und dann der Kölsch-
preis – es geht doch.

>> `Angenehmes Klima, nettes Personal, frisches Kölsch und`
   `frisches Weizen.` <<

Der Kaffee für 1,60 € rundet das Bild von dieser schönen Kneipe ab.
Die Küche hält, was die Speisekarte verspricht: günstige Preise,
große Portionen.

>> Hee ka' mer god esse,
anständige Portione, un
deswäge gonn ich hee hin. <<

Die Lasagne für 7,30 € gibt es auch als halbe Portion (4,- €), und die Tortillas mit Hähnchenbrust kosten 8,50 €. Beliebt sind die Schnitzel und die anderen Fleischgerichte. Mittwochs ist Spaghetti-Tag – alles mit Salat für 6,50 € und für den Fleischfan das butterweiche Bullensteak für 14,80 €. Die Käse-Spätzle deuten auf den schwäbischen Einschlag der Küche hin und haben bestimmt auch den Hotzenplotz hergelockt.

>> Hier zu sitzen bei dem
schönen Wetter, man ist
drinnen und trotzdem
draußen, und wir finden es
sehr gemütlich hier. <<

Der Räuber Hotzenplotz ist in mehr als 34 Ländern zu Hause und in 34 Sprachen übersetzt. Auf dänisch heißt er: »Röveren Runkeldunk«, spanisch: »El Bandido Saltodemata«, koreanisch: »Wang-Do-Duk-Ho-Tzen-Pl-O-Tz«.

Das Wirtshaus in Ehrenfeld hier ist jetzt sozusagen sein letztes Quartier, sein offener Strafvollzug. Vielleicht treffen Sie ihn ja irgendwann mal hier.

---

## Hotzenplotz

50825 Köln, Ehrenfeld, Chamissostr. 2 • Tel.: 0221/282 27 27
www.wirtshaus-hotzenplotz.de • Ö: tägl. 11–1 Uhr • Anfahrt mit KVB:
Linie 5, 13 bis Nussbaumerstr.

### Krebbers Bewertung:

**Essen** ●●●●●●○

Die drei beliebtesten Gerichte:
Schweineschnitzel mit Champignon-Specksoße, Bratkartoffeln und Salat 9,50 €
Hotzenplotzsalat (2 Pers.) mit allem 12,50 €
Holzfällersteak mit Röstzwiebeln, Kräuterbutter und Salat 12,50 €

**Trinken** ●●●●●●●
• Kölsch 0,2 l  1,15 €
• Cola etc. 0,5 l  1,50 €
• Wasser 0,2 l  1,30 €
• Kaffee 1,60 €
• Wein 0,2 l  ab 2,60 €

**Service** ●●●●●●●

**Ambiente** ●●●●●●○

# Lapidarium

**Wat es e Lapidarium?** Da stelle mer uns mal ganz dumm. Ist das 'ne läppsche Antwort oder 'ne Lappalie? Weder noch, sondern eine Sammlung von Steindenkmälern. Hier am Eigelsteintor sind sie versammelt, z. B. der Kölsche Boor, Zeichen für die Stärke und Wehrhaftigkeit der Stadt. Aber auch das Haus Eigelstein 118 ist ein Steindenkmal. Hier war im vorletzten Jahrhundert eine Brau- und Brennerei, und jetzt ist hier immer noch 'ne Kneipe, das Lapidarium.

Da gibt's das Kölsch für nur 1,10 €, aber – keinen Schnaps. Auch die anderen Getränke kosten wirklich wenig: der Wein 0,2 l ab 1,90 €, das Wasser 1,- € und Cola und Ähnliches 1,10 €. Gemütlich abhängen und – wenn der Ball rollt – gibt's auf zwei Fernsehern Bundesliga und Champions-League.

>> Es ist irgendwie so wie 'ne normale Kölschkneipe, es ist angenehm, aber nicht so spießig wie sonst. <<

Wer keinen Fußball gucken will, kann auch gemütlich im Schatten des riesengroßen Bären einen Wein oder einen Federweißen trinken oder 'ne Runde zocken.

>> Man hat nicht das Gefühl, man sitzt wie ein Grufti irgendwo in 'ner Disko. <<

Junge und Alte treffen sich hier, und zu essen gibt es auch Lecke-res: zum Beispiel Chili con Carne für 3,60 € oder die vegetarischen Maultaschen für 2,80 €. Mhhmm!

Renner aber sind die Lappis: frisch getoastete, gefüllte Fladen-brote mit Käse und Schinken oder Schafskäse und Tomaten. Die Gäste genießen es.

>> Es ist lecker, besonders diese Fladenbrote mit dieser Füllung, verschiedene, abwechslungsreich. 'ne schöne Atmosphäre, die Menschen sind nett, die Bedienung ist super, perfekt. <<

## Lapidarium 🏠 ☀

50688 Köln, Nordstadt, Eigelstein 118 • Tel.: 0221/912 95 15
Ö: Mo–Fr 17–1 Uhr, Sa/So 19–1 Uhr • Anfahrt mit KVB: Linie 5, 6, 12, 15, 16, 18, 19 bis Ebertplatz

### Krebbers Bewertung:

**Essen** ●●●●●●○○
Die drei beliebtesten Gerichte:
KäSchiFla (Käse-Schinken-Fladenbrot) 2,50 €
SchafFla (Schafskäse mit Tomaten) 3,10 €
LapiBurger (Fladenbrot getoastet mit Salat, Tomaten, Putenfleisch und Käse) 4,70 €

**Trinken** ●●●●●●●
• Kölsch 0,2 l  1,10 €
• Cola etc. 0,2 l  1,10 €
• Wasser 0,2 l  1,- €
• Kaffee 1,60 €
• Wein 0,2 l  ab 1,90 €

**Service** ●●●●●●○

**Ambiente** ●●●●●●○

# Leuchtturm

**Der Leuchtturm, Orientierungspunkt und Anlaufstelle** z. B. für den Shantychor »Rheinmöwen« – Einmol im Johr kütt der Rhing usem Bett … –, den Jagdclub »Barbarossa« – piff, paff, der Vugel muss erav … –, den Tanzclub »Winzer und Winzerinnen us dem Vringsveedel« – Egal, wat och passeet, in unsrem Veedel … oder den »Schachclub von 1900« – Wenn en Birkesdörp der Buur op dem Schachbrett danz … –. Sie alle und noch mehr treffen sich hier im Leuchtturm.

» Ich fühl mich einfach zu Hause.«

Die bunte Mischung – so wie in fast jeder kölschen Weetschaff –, aber doch ein bisschen anders: nordisch-maritim die Inneneinrichtung, kölsch die Gäste, die Getränke und das Personal.

» Als geborener Kölner, der aber im Ausland lebt, ist das einfach die richtig kölsche Art.«

Das Bier gibt's für günstige 1,10 € und auch sonst bestimmen hier nur niedrige Preise. Berühmt ist der Leuchtturm für seine hochprozentigen Schnapskreationen. Über 30 davon gibt es – mit fremdem Namen: »Torpedoöl«, »Meerjungfrau«, »Koks«, »Klabautermann«. Ich möchte gar nicht wissen, was drin ist.

>> Ich gehör fast mit zum Inventar.<<

»Ostsibirischer Telegrafenmastenwurzelschnaps« – ehe man den Namen ausgesprochen hat, hat man schon vier davon getrunken.

>> Der Leuchtturm ist einfach gemütlich.<<

Strammer Max – oder Luv und Lee wie es hier heißt – ist das Gericht für den großen Appetit und kleinen Geldbeutel (6,- €). Lecker und einfach oder auch einfach lecker sind die Speisen. Die Muscheln: reichlich und köstlich für 7,- €. Viele Fisch- und Muschelgerichte gibt's hier je nach Saison zu günstigen Preisen. Labskaus – das berühmte nordische Gemenge aus Fleisch und Fisch, frisch gemacht, ist einzigartig in Köln.

Bei »Windstärke 12« liege ich richtig schräg: zwei Matjes, Öllig un Ei, und dazu ein 40% Klarer. Das verursacht Windstärke 12 in Kopf und Magen.

>> Es ist eine unglaublich maritime Atmosphäre hier, die man trotz der Rheinnähe anderen Ortes vermisst.<<

---

**Leuchtturm** ☼
50676 Köln, Innenstadt, Mauritiussteinweg 70 • Tel.: 0221/23 26 47
Ö: Mo–Fr 16–1 Uhr, So 11–1 Uhr, Sa Ruhetag • Anfahrt mit KVB: Linie 9 bis Mauritiuskirche

**Krebbers Bewertung:**

**Essen** ●●●●●●○
Die drei beliebtesten Gerichte:
• Matjes in allen Variationen von 5,50 € bis 7,50 €
• Labskaus 8,50 €
• Kapitänsschnitte (Schnitzel mit Pilzsoße und Beilagen) 9,50 €

**Trinken** ●●●●●●●
• Kölsch 0,2 l  1,10 €
• Cola etc. 0,2 l  1,30 €
• Wasser 0,2 l  1,30 €
• Kaffee 1,35 €
• Wein 0,2 l  ab 2,25 €

**Service** ●●●●●●○

**Ambiente** ●●●●●●○

# St. Michael

**Vum Ring erav, de Maastricher erunger, auf die große Kirche zu – St. Michael am Brüsseler Platz.** Der Platz ist lebendiger Mittelpunkt des Veedels. Bekannt ist hier die Michaelklause, St. Michael. Da verirren sich schon mal Kirchgänger und wollen in den Frühschoppen, statt in die Frühmesse. Aber hier bekommt man morgens kein Kölsch, denn diese Kneipe ist tagsüber ein Kiosk, e Büdche.

Ab 6 Uhr morgens liegt alles in der Hand von Sabine Kahl, z. B. die Zubereitung des ausgezeichneten Kaffees, den sie für 1,40 € in Porzellan oder Plastik serviert.

» Der gute Kaffee, Sabine und Brüsseler Platz halt. «

Getränke aller Art sind günstig, aber das Kölsch en der Fläsch kann man nur mitnehmen. Zeitungen, Zigaretten, Süßigkeiten – alles wie im richtigen Büdchen. Und jedes Brüdche för 1,40 € wird frisch gemacht und liegt nicht stundenlang irgendwo rum. Frikadellen, auch für 1,40 €, gibt's fast immer und manchmal auch ein Tagesgericht wie z. B. das Möhrengemüse für 3,90 €.

>> Die Sabine kennen wir gut, macht leckeren Kaffee,
Brötchen, ab und zu mal was anderes. <<

Draußen trifft sich das Veedel, und den frisch gebrühten Kaffee aus dem Kiosk serviert die Taxifahrerin ihrem nächsten Fahrgast. Die Fusion zwischen Büdchen und Kneipe funktioniert ausgezeichnet.

>> Das Lokal kann sich verwandeln, ist tagsüber ein Büd-
chen, abends 'ne Kneipe, das ist ganz hervorragend. <<

Um 14 Uhr wird die Kioskeinrichtung rausgefahren, ab 16 Uhr läuft hier das Bier.

>> Der Wirt ist in Ordnung, das Bier schmeckt. <<

Das Kölsch gibt es für gute 1,25 € zom Schwaade oder för Fußball ze Luure. Den Gästen gefällt ihre Büdchenkneipe.

>> Das Flair und die netten Menschen, die man hier trifft,
und dass es so unkompliziert und ungezwungen ist. <<

Mer kann en der Weetschaff oder och drusse setze un op Zant Michael luure. Drüvve en der Kirch gitt et jo av un zo en kulturelle Veranstaltung, hee ha 'mer iher Kölsch-Kultur met Frikadelle, Foßball, Freibier … dat leider nit. De Fs allitterieren, also reimen sich zwar schön, ävver dröm gitt et noch lang kei Kölsch för ömesöns. Schad! Hätt söns noch ei Pünkelche mih gegovve.

---

## St. Michael 🏠 ☀

50674 Köln, Belgisches Viertel, Brüsseler Platz 1 • Tel.: 0221/420 45 55
Ö: (Kiosk) Mo–Fr 6–14 Uhr, Sa 7–14 Uhr, So Ruhetag • (Kneipe) tägl. 16–1 Uhr
Anfahrt mit KVB: Linie 1, 7, 6, 12, 15 bis Rudolfplatz

### Krebbers Bewertung:

**Essen** ●●●●●●○○
Die drei beliebtesten Gerichte:
Belegte Brötchen 1,40 €
Frikadelle 1,40 €
Würstchen 1,50 €

**Trinken** ●●●●●●○
• Kölsch 0,2 l  1,25 €/0,5 l  1,10 € (nur zum Mitnehmen)
• Cola etc. 0,2 l  1,40 €/0,5 l  1,20 €
• Wasser 0,25 l  1,30 €/0,75 l  1,20 €
• Kaffee 1,40 €
• Wein 0,2 l  3,20 € (nur abends)

**Service** ●●●●●●●

**Ambiente** ●●●●●●○

# Trash chic

**Ich habe mich fein gemacht, ich gehe aus.** In Kalk, ins »Très chic« in der Wiersbergstraße – ein französisches Lokal? Die Franzosen, sie haben Anfang des 19. Jahrhunderts in Köln nicht nur die Straßenbeleuchtung installiert, sie haben auch die Müllabfuhr eingeführt. Kaum Dreck mehr in dr Sood. Und sie haben den Kölnern das französische Lebensgefühl vermittelt: »Savoir vivre« im Trash chic – also nicht »très chic«, sondern schicker Müll. Surprise! Surprise! Nicht überraschend ist jedoch die gemütliche Stimmung in dieser Kneipe. Spaß kann man haben: Kickern für umsonst, lesen und trinken, viele Spiele sind im Angebot und jeden Abend legen Diskjockeis echte Vinylscheiben auf.

>> Ist halt der einzige Laden in Kalk, der so'n bisschen jugendlich ist. Auf dieser Rheinseite gibt es nichts Ähnliches, wo man sich wohl fühlt. <<

Kölsch aus dem Pittermännchen bzw. auf kölsche Art gebrautes Bier aus Gemünd in der Eifel bekommt man für nur 1,- € – wunderbar.

>> Das Bier ist billig, die Leute sind locker, es ist schön bunt. <<

Alle anderen Getränke sind ebenso günstig, und die alkoholfreie Droge gegen Alkopops ist die Bionade in drei Geschmacksrichtungen, zu bekommen für 1,80 € die Flasche. Das ist mehr als eine Kneipe, das ist das Zentrum für junge und noch junge Leute in Kalk. Die Softgetränke Cola, Limo etc. kosten alle 1,- €, Wasser sogar nur 50 Cent.

Zu essen gab es anfangs nur den Knabberteller nach Art des Hauses, jetzt steht ein Koch in der Küche, und es werden kleine Speisen zu feinen Preisen serviert. Das Trash chic bietet das alles und noch viel mehr.

Trash chic: eleganter Müll, modischer Abfall, netter Unsinn, sympathischer Quatsch. Kalk s'amuse, amüsiert sich. Kalk ist en vogue.

Hier ist die rechte Rheinseite die richtige Seite! Das Trash chic ist die In-Kneipe. Kalk ist chic, und es ist sehr chic ins Trash chic zu gehen.

≫ So 'ne Szene gibt's eigentlich in Kalk noch nicht, und ich glaube, Kalk ist gerade ein kommender Stadtteil. ≪

## Trash chic

51103 Köln, Kalk, Wiersbergstr. 31 • Tel.: 0221/492 88 55 • Ö: So–Do 19–1 Uhr, Fr/Sa 19–3 Uhr (bei schönem Wetter mit Außengastronomie ab 17 Uhr)
Anfahrt mit KVB: Linie 1, 9 bis Kalk Kapelle

### Krebbers Bewertung:

**Essen** ●●●●●●○○
Die drei beliebtesten Gerichte:
• Asia-Burger 4,- €
• Bunter Salatteller mit Hähnchenbrust in Sesam 4,50 €
• Balkanteller: Tomatenreis, Cevapcici und Speckscheiben 5,50 €

**Trinken** ●●●●●●●
• Kölsch 0,2 l 1,- €
• Cola etc. 0,2 l 1,- €
• Wasser 0,2 l 0,50 €
• Kaffee (fair) 1,50 €
• Wein (Bio) 0,2 l ab 2,80 €

**Service** ●●●●●●○

**Ambiente** ●●●●●●○

# ViertelBar ¼ bar

**Köln – ein Ganzes mit neun Stadtbezirken und 85 Vierteln.** Also hat ein Ganzes 85 Veedel. Wir sind im Veedel Nippes mit den dazugehörigen Stadtteilen Bilderstöckchen, Longerich, Mauenheim, Niehl, Riehl, Weiler, Weidenpesch, nicht zu verwechseln mit Weiden oder Pesch oder Esch oder Holweide. In diesem Viertel an der Ecke Steinbergstraße/Christinastraße gibt's ein ¼ bar, Kölns einzigartigen Wohnzimmerclub. Die Gäste fühlen sich hier wunderbar aufgehoben.

>> Alle Leute, die hierher kommen, sind irgendwie nett, aufgeschlossen, also es gibt hier nicht die Thekenhänger. <<

Perfekter Service, direkte Versorgung – und das aus dem Pittermännchen. Keine Theke, das Fass steht auf dem Bock, und das frische Frühkölsch läuft für sage und schreibe 1,- € in die Stange.

>> Kölsch zu einem bezahlbaren Preis ist immer sehr vorteilhaft. <<

Der Wirt geht, wie in jeder kölschen Kneipe üblich, mit dem Kranz rum, auch wenn der Laden noch so klein ist. Und allen schmeckt es: Kölsch in trauter Runde trinken und sich dabei wie zu Hause fühlen.

>> Es ist schön klein, sodass man gleich alle Leute kennen lernt. <<

Zu Essen gibt es den Knabbermix und die Biertapas, der kleine Teller auf der Kölschstange mit Oliven, Käse, etc. für jeweils 50 Cent. Regelmäßig finden hier auch Lesungen und Konzerte statt. So eine Bar braucht jedes Veedel.

>> Dass man einen netten Abend hat, das funktioniert hier gut. <<

## ViertelBar ¼ bar

50667 Köln, Nippes, Steinbergstr. ¼ • Tel.: 0221/204 06 35 • Ö: Mo–Sa ab 20 Uhr, So Ruhetag • Anfahrt mit KVB: Linie 6, 12, 15 bis Lohsestr.

## Krebbers Bewertung:

**Essen** ●●●●●○○○
Die zwei beliebtesten Gerichte:
• Knabbermix 0,50 €
• Biertapas 0,50 €

**Trinken** ●●●●●●●
• Kölsch 0,2 l  1,- €
• Cola etc. 0,33 l 2,20 €
• Wasser 0,25 l  1,- €
• Kaffee 1,- €
• Wein 0,25 l  ab 3,50 €

**Service** ●●●●●●●

**Ambiente** ●●●●●●○

Restaurant

# Amando

**Im Schatten von St. Joseph, dem Ehrenfelder Dom, liegt ein Geheimtipp von mir**, mittlerweile eines der führenden Feinschmeckerlokale Kölns.

>> Das hätte ich nicht erwartet, dass es so was in Ehrenfeld gibt. <<

Das Amando in der Klarastraße – ein außergewöhnlich interessantes und niveauvolles Restaurant im tiefsten Ehrenfeld. Das Konzept, die Getränke und die französische Küche überzeugen.

>> Ich find es wunderbar mit den Lichtern hier, ja, und das Essen ist einfach traumhaft. <<

Man kann à la carte essen oder das leckere Drei-Gänge-Menü für 39,- € – mit vier Gängen 49,- € – bestellen. Auch große Gruppen sind in der ungezwungenen Atmosphäre willkommen.

>> Es ist nicht irgendwie steif hier, es ist einfach schön. <<

Wechselnde Essensbilder werden serviert, und der Wein ist zwar teuer, aber eben erste Wahl, wie das Fleisch und der Fisch natürlich auch. Bei Poulardenbrust in Saffranschaum, gefülltem Ochsenschwanz in Rotwein oder Entenbrust à l'orange: Begeisterung macht sich breit.

>> Also, ich liebe es zu essen, und das war wirklich toll. <<

Im Amando ist es nicht nur gemütlich, sondern ganz locker, mit Krawatte ist man hier eher overdressed. Wenn Sie was ganz Besonderes erleben wollen, müssen Sie unbedingt hierhin gehen.

>> Es ist einfach 'ne Oase hier. <<

---

## Amando 🏠

50823 Köln, Ehrenfeld, Klarastr. 2–4 • Tel.: 0221/562 60 65 • Ö: Di–Sa19–1 Uhr, So/Mo Ruhetag • www.amando-koeln.de • Anfahrt mit KVB: Linie 3, 4 Körnerstr.

# Banker's

Hier die romanisch-gotische Stiftskirche aus dem 10. Jahrhundert, dort eine Kapelle des Kapitals aus dem zwanzigsten. Die hier heißt St. Andreas und die dort Deutsche Bank. Eines ist der Dominikanerkirche und der Geldstube gemeinsam: Die Kneipe im Schatten von Kirche und Kapital. Und die heißt nicht etwa Albertus Magnus, obwohl der hier in der Kirche begraben ist, sondern Banker's.

Der kleine Platz zwischen Komödien-straße und an den Dominikanern ist nicht nur für Banker und Büroangestellte eine Oase der Ruhe mitten in der Stadt. Und das Schöne ist, man braucht keinen Balkon zum Ausblick auf den Dom.

>> Das ist ein besonderer Platz hier, mit dem Dom und mit den Dominikanern direkt um die Ecke. <<

Hier wird der Milchkaffee noch in der Bol, der Kaffeeschüssel, serviert.

>> Auch die Weinkarte ist sehr gut. <<

An warmen Tagen auf der Terrasse ist der Salat mit Putenbrust (9,50 €) Standard, das Schweineschnitzel in Champignonrahm (9,90 €) wird eher geordert, wenn es kühler ist.

>> Die Qualität ist ganz gut, und über die Preise kann man sich auch nicht beschweren, das ist schon angemessen für die Innenstadt. <<

Nicht nur, wer wenig Zeit zum Essen hat, wird prompt und zügig bedient.

>> Die Bedienung ist sehr nett, freundlich, zuvorkommend. <<

Die meisten Gäste mögen dieses Lokal und die Zusammenstellung der Speisen- und Getränkekarte.

>> Von daher macht es halt schon Spaß, nach dem Büroalltag abends mal ein Kölsch zu trinken. <<

In der Umgebung von St. Andreas wurde früher ein eifriger Reliquienhandel betrieben. Das hat sich bis heute gehalten – im FC-Fanshop findet jetzt der Reliquienverkauf statt. Doch der Verein heißt nicht mehr Kirche, sondern FC. Hier ist also der Treffpunkt zwischen Geld, Gott und Geißbock!

## Banker's ☀

50667 Köln, Innenstadt, Andreaskloster 12 • Tel.: 0221/13 47 27
Ö: Mo–Fr ab 11.30 Uhr, Sa ab 17 Uhr, So nur bei Veranstaltungen
www.bankers-koeln.de • Anfahrt mit KVB: Linie 5, 16, 17, 18, 19 bis Dom/Hbf.

### Krebbers Bewertung:

**Essen** ●●●●●●○

Die drei beliebtesten Gerichte:
• Cesars Salat mit Hähnchenbrust 9,50 €
• Schweineschnitzel, Champignonrahm mit Pommes frites 9,90 €
• Zanderfilet auf Wokgemüse 12,90 €

**Trinken** ●●●●●●●
• Kölsch 0,2 l  1,30 €
• Cola etc. 0,2 l  1,60 €
• Wasser 0,2 l  1,60 €
• Kaffee 1,60 €
• Wein 0,2 l  ab 4,- €

**Service** ●●●●●●●

**Ambiente** ●●●●●○○

# Blauer König

**Ein ganz besonderes Lokal möchte ich Ihnen vorstellen.** Et litt
op der Schäl Sick. Ich habe einen berühmten WDR-Kollegen mitgenommen, Käpten Blaubär: »Moin, hallo Kinners.« Käpten Blaubär
trifft hier vielleicht auf einen Seelenverwandten. Blauer König heißt
das Lokal in Kalk am Markt, und das ist nach einer kleinen Figur benannt, dem Blauen König eben. Der Blaue König ist sozusagen der

Chef hier. Käpten Blaubär: »Ich habe den König gefragt: ›Alles im Lot auf'm Boot?‹ und er meint: ›Alles in Budder auf'm Kudder‹.«

Das Kölsch kommt aus der Brauerei im Veedel und fließt süffig aus der Stange für 1,25 €. Man kann aber auch ab 3,- € einen der wirklich guten Weine probieren. Auf jeden Fall ist das hier für viele Gäste ihr Stammlokal in Kalk.

>> Erst mal ist es besonders, das überhaupt hier was in Kalk ist. <<

Bratkartoffeln mit Salat für 7,– €, Bratkartoffeln mit grünem Spargel ebenso, gebackene oder gebratene Kartoffeln pur für 3,50 € – Bratkartoffeln zum Reinsetzen. Aber auch die übrigen Gerichte sind klasse.

>> Ich find die Küche sehr lecker. Es gibt immer so 'ne nette Hausmannskost. <<

Gulasch mit Semmelknödeln für 10,50 €, und man kann vom Beilagensalat allein schon satt werden. Alle Gerichte überzeugen durch Frische, Geschmack und günstigen Preis.

>> Also die Suppe gerade schmeckt nach Paprika und nicht nach irgendwas anderem, und das finde ich so toll hier. <<

Das Spargelhähnchen ist delikat und – wenn man will – wird es mit Bratkartoffeln serviert.

>> Es gibt hier nirgends so gute Bratkartoffeln. Ich esse zu allen Sachen immer Bratkartoffeln, egal was hier auf der Karte steht. <<

Für den kleinen Hunger gibt's Käsedipp und Knoblauchbrot. Und Blaubär? Ach der! »Tja, ich glaub, ich mach heute meinem Namen alle Ehre! Der kleine König hat mir immer wieder 'ne Buddel von dem guten Wein hingestellt und jetzt bin ich so wie meine Farbe – sternhagelvoll.

Ich bin da vollkommen unbestechlich, mein Urteil für den Blauen König? Total stark! Tja, dann bis demnächst, ne.

---

## Blauer König

51102 Köln, Kalk, Markt 24 • Tel.: 0221/85 37 44 • Ö: tägl. 18–23 Uhr, Mo/Di Ruhetag • Anfahrt mit KVB: Linie 1, 9 bis Kalker Kapelle

**Krebbers Bewertung:**

**Essen** ●●●●●●○
Die drei beliebtesten Gerichte:
• Bratkartoffeln pur 3,50 €, mit Salat etc. 7,- €
• Gulasch mit gebratenen Serviettenknödeln und Salat 10,50 €
• Spargelhähnchen mit gebratenen Kartoffeln und Salat 10,50 €

**Trinken** ●●●●●○
• Kölsch 0,2 l  1,25 €
• Cola etc. 0,2 l  1,50 €
• Wasser 0,2 l  1,50 €
• Kaffee 1,50 €
• Wein 0,2 l  ab 3,- €

**Service** ●●●●●●

**Ambiente** ●●●●●○

# Das kleine Steakhaus

**Hier sind sie alle lang gelaufen – Kelten, Römer, Ubier.** Denn die Hohe Straße gilt als die älteste Straße Kölns. Sie war die einzig durchgehend gepflasterte Straße der Stadt. Wahrscheinlich wurde sie deshalb auch die erste Fußgängerzone Deutschlands. Klamotten und Schuhe gibt es hier und natürlich zu essen. Aber neben den Fastfoodketten hat sich seit 20 Jahren ein Lokal behaupten können: das kleine Steakhaus, und das liegt ein paar Treppen hoch im ersten Stock.

Fleisch gitt et, Fleisch, Fleisch, Fleisch – in super Qualität vom Holzkohlegrill. Das Steakhaus in der Fußgängerzone hat viele Stammgäste, denn wer einmal hier gegessen hat, schätzt die tolle und günstige Fleischauswahl.

>> Immer die gleich bleibende Qualität und immer sehr freundlicher Service. <<

Mittags ist es besonders günstig: Das Black Angus Rumpsteak mit Sauerrahmkartoffel und Salat gibt's für 9,80 €, den Mixgrill Spezial mit Pute, Lamm und Hacksteak inklusive Beilage und Salat für nur 9,90 €. Gebratenes Gemüse mit gegrillter Hähnchenbrust kostet 8,50 €.

>> Ob's das Fleisch ist oder ob's die Kartoffeln sind mit dem Quark, es ist immer hervorragend. <<

Das Fleisch in allen Variationen ist der Hit, und die Gäste lieben ihr Steakhaus.

>> Sehr gemütlich, und man kann wirklich sehr lecker essen hier, also ich mag's hier. <<

Aber die Preise für den Wein 0,25 l ab 4,50 € und die übrigen Getränke sind nicht unbedingt zum Anstoßen. Der Cappuccino zu 2,20 € geht ja noch, aber Kölsch und die Softdrinks gibt es nur in 0,3 l Gläsern, und sie sind zu teuer. Dennoch: Das kleine Steakhaus ist eine empfehlenswerte Adresse.

>> Gutes Essen, sehr schmackhaft, sehr preiswert, dat es ja och viel wert. <<

Wä eimol durch de Huhstroß gegange es, geiht immer widder hin. »Huh« – nicht deshalb, weil man den erhöhten Blick von hier hat, sondern die Hohe Straße liegt fünf Meter höher als der Rhein. Ein hochwassersicherer Uferweg. Huh, ärg huh, sin ävver och de Mieten, deshalb gibt es hier kaum noch alteingesessene Geschäfte.

Der Glanz der früheren Prachtstraße ist abgeblättert. Es glitzern jetzt nur noch die Ladenlokale. Wä eimol durch de Huhstroß gegange es, weiß ävver jetz, dat et hee e anständig Lokal gitt.

## Das kleine Steakhaus

50667 Köln, Innenstadt, Hohe Str. 73 • Tel.: 0221/258 17 87
Ö: tägl. 11.30–23.30 Uhr • Anfahrt mit KVB: Linie 1, 7, 9 bis Heumarkt

## Krebbers Bewertung:

### Essen ●●●●●●●

Die drei beliebtesten Gerichte:
• Black-Angus-Rumpsteak mit gebackener Sauerrahmkartoffel und Salat 9,80 €
• Gebratenes Gemüse mit gegrillter Hähnchenbrust 8,50 €
• Rumpsteak mit Champignons und Schweinefilet mit Pfefferrahm, Sauerrahmkartoffel, Gemüse und Salat 14,90 €

### Trinken ●●●●●●●

• Kölsch 0,3 l  2,20 €
• Cola etc. 0,3 l  2,30 €
• Wasser 0,25 l  2,- €
• Kaffee 1,80 €
• Wein 0,25 l  ab 4,50 €

### Service ●●●●●●●

### Ambiente ●●●●●●○

# Fährhaus

»Heidewitzka, Herr Kapitän, mem Müllemer Böötche fahre mer su gään.« Mer kann tirek mem Böötche vun der Hohenzollern-Bröck noh Rudenkirche zom Fährhaus schunkele. Denn seit dem 19. Jahrhundert ist Rodenkirchen der Ausflugsort für die Stadtkölner.

An einem schönen Sommerabend sind die Sitzplätze in den Lokalen an der Rheinuferpromenade wirklich rar. Aber ob Mutter und Kind speisen wollen, Kölner und Rodenkirchener hautevolée sich zeigen oder die Jugend des Kölner Südens hier entspannt verweilt, alle suchen und finden sie ihr Plätzchen im Fährhaus. Die etwas andere Art, im Schatten von Alt St. Maternus – der Rodenkirchener Kapelle – zu sitzen. St. Maternus hieß vor 1600 Jahren der erste Kölner Bischof. Ein Weg ums Rodenkirchener Kapellchen soll ja vor ansteckenden Krankheiten schützen. Wer will, kann dagegen auch ein frisches Kölsch im Fährhaus trinken.

>> Das ist die schönste Lage von Rodenkirchen, zweitens, das Essen, drittens, die Bedienung. <<

Auch drinnen im Fährhaus kann man gemütlich sitzen, aber wer will schon an einem lauen Sommerabend seine Freizeit drinnen verbringen. Die Terrasse mit Panoramablick lockt. Schnelle Versorgung mit kalten Getränken ist gesichert, und die Speisekarte bietet eine ausreichende, aber noch überschaubare Auswahl an interessanten Gerichten.

>> Die Tapas waren hervorragend, die Aussicht auf den Rhein ist hervorragend, das Wetter sowieso und die Leute, ist schon toll. <<

Die Mädels und Jungs vom Serviceteam haben auch bei großem Schönwetterandrang des Publikums kaum Probleme mit der zügigen Versorgung. Und die fantasievolle und kreative Küche überrascht doch immer wieder – beliebt ist die wunderbare Fischsuppe. Die Gäste schätzen dieses Lokal, und das hat viele Gründe.

—157—

>> Die Gegend ist sehr nett, erholsam, nach dem Arbeiten, wunderbar. <<

Und abends geht's wieder zurück mit dem Bröötche. »Mer kann su schön em Dunkele schunkele, wenn üvver uns die Stääne funkele, heidewitzka, Herr Kapitän, mem Müllemer Bröötche schunkele mer su gään.«

---

**Fährhaus** ☼
50996 Köln, Rodenkirchen, Steinstr. 1 • Tel.: 0221/935 99 69
www.faehrhauskoeln.de • Ö: Mo–Sa 11–1 Uhr, So 10–1 Uhr • Anfahrt mit KVB: Linie 130 bis Frankstr.

**Krebbers Bewertung:**

**Essen** ●●●●●○
Die drei beliebtesten Gerichte:
• Fischsuppe 6,50 €
• Rinderfilet mit hausgemachten Pommes frites und Salat 17,50 €
• Loup de mer in Salzkruste mit Beilagen 21,50 €

**Trinken** ●●●●●○
• Kölsch 0,2 l  1,40 €
• Cola etc. 0,2 l  1,80 €
• Wasser 0,2 l  1,80 €
• Kaffee 1,80 €
• Wein 0,2 l  ab 3,80 €

**Service** ●●●●●○

**Ambiente** ●●●●○○

# Fertig

**Die Südstadt hat »Fertig«** – Jakob Fertig oder wie der Kölner säht »Köbes Fädig«. An der Ecke Zugweg/Bonnerstraße gibt es in der vierten Generation diese Gaststätte. Eigentlich künnt die och »bistro prêt« heiße. Et gitt nämlich »ciel et terre avec du boudin«. Han Se nit verstande? Also Pommes un Pommes de terre avec Flönz. Op god Kölsch: Himmel un Ääd met Flönz.

Kupferleuchten und viel altes Holz: Im Fertig hat sich seit Jahrzehnten nichts verändert. Kölsch wird getrunken wie immer, die Stange zu 1,30 €. Die übrigen Getränke – besonders die alkoholfreien – sind günstig, nur die Weine bekommt man erst ab 4,70 € das 0,2 l Glas.

≫ Die Kombination aus kölschem Getränk und französischem Essen ist sehr gut. ≪

Was »der Fertig« in der vierten Generation verändert hat, ist die Zubereitung und Präsentation der Speisen: Auf der Karte finden sich kleine und große Gerichte von 3,50 € bis 21,- €.

>> Man kann sich toll und voll hier essen. <<

Eine Kombination von Spezialitäten: kölsch und französisch, wie passt das zusammen? Alt und Jung hat sich auf die neue Küche eingelassen und sich an Sommertrüffeln auf Bandnudeln für 12,- € und Kaninchenkeule auf korsische Art gewöhnt. Die gibt's für 16,50 € und für das Confit von der Ente bezahlt man 15,50 €. Das ist schon keine einfache Kneipenküche mehr, das ist hohe und etwas teurere Kochkunst in der Gourmet-Gaststätte.

—159—

>> Von außen sieht's nicht so aus wie es innen schmeckt. <<

Echt kölsch: Himmel un Ääd op französisch met boudin noir, Flönz us Frankreich – 12,- € . Deftig der Sauerbraten vum Pääd för 12,- € und schmackhaft wie die gesamte Küche.

>> Also ich muss sagen, das Essen ist einfach ein Niveau höher, als ich das erwartet habe. <<

---

**Fertig**  🌍 ☀️ 🏠

50677 Köln, Südstadt, Bonnerstr. 26 • Tel.: 0221/801 73 40
Ö: Mo–Fr 12–24 Uhr, Sa/So 17–24 Uhr, Küche jeweils ab 18 Uhr • Anfahrt mit KVB: Linie 6, 12, 15, 16, 17 bis Chlodwigplatz

**Krebbers Bewertung:**

**Essen** ●●●●●●○

Die drei beliebtesten Gerichte:
Himmel un Ääd mit französischer Flönz 12,- €
Spanferkelhaxe in Biersauce, Püree und Gemüse 12,- €
Calamares auf Rucola, Tomaten und Basilikumpesto 8,50 €

**Trinken** ●●●●●●○
• Kölsch 0,2l  1,30 €
• Cola etc. 0,2l  1,40 €
• Wasser 0,2l  1,25 €
• Kaffee 1,50 €
• Wein 0,2l  ab 4,70 €

**Service** ●●●●●●○

**Ambiente** ●●●●●○○

# Kini

**Die Diskokugel der 1970er glitzert in einer Kneipe,** die nicht nur, aber auch zum Trinken einlädt. Kini – auf gut bayrisch König – im Mauritiusviertel lockt mit vernünftigen Getränkepreisen und dem Spiegelcharme vergangener Zeiten. Das Kölsch gibt's für 1,50 € die Stange, und das kann jeder aus dem Veedel gerade noch bezahlen. Bunt gemischt ist die Gästeschar, und auch die Longdrinks schmecken. Weine bekommt man ab 2,10 € das Glas (0,1 l).

» Was mir persönlich gefällt, ist die schlichte Ausstattung, die einem nicht das Gefühl gibt, sich besonders benehmen zu müssen. «

Doch besonders wegen der tollen und preiswerten Gerichte von der wöchentlich wechselnden Karte muss man das »Kini« besuchen.

» Für mich ist es einfach klasse, für kleines Geld jeden Tag frische Ware zu essen. «

Leckere Tagliatelle à la gorgonzola gibt's für 5,50 € und das Roastbeef mit wunderbaren kleinen Bratkartöffelchen für 8,50 €. Das deftige Kasseler mit leichtem Apfelsauerkraut kostet nur 6,80 €, und wer es lieber mediterran mag, ist mit dem Vorspeisenteller für 4,20 € gut bedient.

» Ich bin sehr überrascht, ich habe noch nie so viel und so gut gegessen. «

Wer oder was ist denn nun »Kini«? Der Kini Luggi oder die Kinigin Elli? Der Prinz vun Kranebäume?

Der Gast ist Kini, ist König im »Kini«.

» Es ist wirklich sehr günstig und ja, einfach schön. «

---

**Kini** 🍴 ☀

50676 Köln, Innenstadt, Balduinstr. 10 • Tel.: 0221/801 74 91
Ö: Mi–So 18.30–1 Uhr, Mo/Di Ruhetag • Anfahrt mit KVB: Linie 9 bis Mauritiuskirche

**Krebbers Bewertung:**

**Essen** ●●●●●●○
Die drei beliebtesten Gerichte:
Penne à l'arrabiata 4,90 €
Argentinisches Entrecôte (200 g) mit gebratener Riesengarnele, frischer Aioli, gebackenen Kartoffelecken und Salat 14,50 €
alle Gerichte auf der wöchentlich wechselnden Karte

**Trinken** ●●●●●●○
• Kölsch 0,2 l  1,50 €
• Cola etc. 0,2 l  2,- €
• Wasser 0,25 l  2,- €
• Kaffee 1,80 €
• Wein 0,1 l  ab 2,10 €

**Service** ●●●●●●○

**Ambiente** ●●●●●○○

# Lobby Restaurant

**Wo kann man denn heute noch richtig preiswert essen und trinken in der** Stadt? Vor fast 15 Jahren wurde das Lobby Restaurant in der Domstraße aufgemacht, und seitdem können Menschen, die wenig oder auch etwas mehr Geld haben, mittags hier wunderbar speisen.

Unterstützt und gefördert wird das Lobby Restaurant – die LORE in der Domstraße – seit 1994 von den Höhnern.

Lobbyisten, Berber und Banker, Leute mit oder ohne Bankkonto treffen sich hier. Es wird kein Alkohol ausgeschenkt; die Getränke, ob Tee oder Kaffee, Cola oder Apfelschorle gibt's ab 25 Cent.

>> Ich komme alle Tage, kostet wenig, bekomme nur 'ne kleine Rente. <<

Jeden Tag wird ein anderes Menü serviert. Gäste mit wenig Geld zahlen 2,- €, Leute mit mehr Cash in dr Täsch 4,60 €. Dafür bekommt man ein Drei-Gänge-Menü.

>> Preisgünstig, aber wirklich gut und nahrhaft zu essen. Wo gibt es denn so gutes Essen für 2,- €, ne? <<

Ein Menü sieht z. B. so aus: Gemüsesuppe, Asia-Bulette mit Reispfanne und Mandarinen als Nachtisch. Nichts Außergewöhnliches, aber frisch zubereitet, schmackhaft, gutbürgerlich.

>> Hier isset so günstig, und die machen dat hier wirklich lecker, dat Essen, also is begrüßenswert. <<

Zwischendurch serviert schon mal ein Hohn. De Höhner wünschen sich für dat Lobby-Restaurant, »dass ganz viele Menschen hier hin gehen und miteinander ins Gespräch kommen, also Berber und Banker zusammen. Wäre doch schön, dass die Leute einfach die Scheu verlieren, sich hierhin setzen und den Berbern einfach mal Menschenwürde zurückgeben«.

>> Hier verkehren Menschen, mit denen ich gerne zusammen bin. <<

Das heißt also, nächstes Jahr muss jeder Kölner mindestens einmal ins Lobby Restaurant kommen.

Darüber würden sich nicht nur de Höhner freuen.

## Lobby Restaurant
50668 Köln, Kunibätsveedel, Domstr. 81 • Tel.: 0221/139 04 08
Ö: Mo/Di 12–16 Uhr, Mi–Fr 12–15.30 Uhr, Sa/So Ruhetag • Anfahrt mit KVB: Linie 5, 6, 12, 15, 16, 18, 19 bis Ebertplatz

### Krebbers Bewertung:

**Essen** ●●●●●●●
Die drei beliebtesten Gerichte:
• täglich wechselndes Menü für »Berber« 2,- €; für »Banker» 4,60 €

**Trinken** ●●●●●●●
Cola etc. 0,2l  0,25 €
Wasser 0,2l  0,25 €
Kaffee/Tee 0,25 €
für »Banker« alle Getränke zum doppelten Preis

**Service** ●●●●●●●

**Ambiente** ●●●●●●●

# Radieschen & Co.

**Op der Schäl Sick,** zwischen Deutz AG, der Messe und der Kunstszene im Gebäude 9, ist die Deutz-Mülheimer-Straße – sozusagen Niemandsland. Aber am anderen Ufer, auf der anderen Seite des Verkehrsstroms leuchtet ein Hoffnungsschimmer. Eine Lokalität zwischen Spar-Markt und Autoverleih, Radieschen & Co. – frisches Grün für Deutz und den Rest der Welt.

>> Ich schätze die nette Atmosphäre, und dass es ein ganz gemischtes Publikum hier ist. <<

Einladend hell und freundlich präsentiert sich das Lokal. Schon die Getränkepreise überraschen. 2,10 € zahlt man für einen großen und leckeren Milchkaffee im Glas und der einfache Kaffee kostet 1,50 €. Softdrinks wie die Cola gibt's für 1,30 €, und auch sonst herrschen hier Kampfpreise vor. Und alles ist selbst gemacht: die köstlichen Nachspeisen, Tiramisu und Mousse, liebevoll angerichtet und serviert, die Ausstattung der Kneipe vom Stuhl bis zur Theke und die Herstellung jedes einzelnen Gerichts in der offenen Küche – wunderbar.

Und dann das Essen: Viele mögen die Gemüsepfanne für 7,90 €. Aber unschlagbar ist das Mittagsmenü: Für 4,90 € gibt's täglich wechselnd eine Vorspeise und einen Hauptgang.

>> Es wird alles frisch gemacht, es geht relativ schnell, und die Preise sind natürlich klasse. <<

Man bekommt beispielsweise eine leichte Apfel-Karottencremesuppe als ersten und dann das Champignonrisotto mit Kräutern und frischem Parmesan als zweiten Gang.

>> 4,90 € für Suppe mit Hauptspeise ist gut. Und jeden Tag gibt es ein anderes Menu. <<

Zu haben ist auch Fleischiges: Rindergulasch mit Kartoffelpüree oder Paprika-Hähnchenkeule. Die Pizza sowie alles andere kann man auch im Vorbeifahren einfach mitnehmen.

>> Sehr ungewöhnlich hier für die Ecke, ja, man muss einfach hier hin gehen. <<

Den Namen hat die Kneipe aber von dem Zeug unter der Decke, den hängenden Gärten von Düx. In einer durchsichtigen Schale ist knallrotes Gemüse angepflanzt. Hier kann man sich die Radieschen von unten begucken, schon mal an die Situation gewöhnen, irgendwann es et jo esu wigg. Und denken Se dran, nur das Älterwerden schützt vor einem frühen Tod.

## Radieschen & Co.

51063 Köln, Deutz, Deutz-Mülheimer-Str. 146 • Tel.: 0221/872 900
www.radieschenundco.de • Ö: Mo–Fr 11–17 Uhr, Veranstaltungs- u. Messetage
länger, dann auch am Wochenende • Anfahrt mit KVB: Linie 3, 4 bis Koelnmesse

### Krebbers Bewertung:

**Essen** ●●●●●●○

Die drei beliebtesten Gerichte:
• Mittagsmenü täglich wechselnd ab 4,90 €
• Gemüsepfanne 7,90 €
• Rigatoni in Vier-Käse-Sauce 7,40 €

**Trinken** ●●●●●●○
• Kölsch 0,33 l  2,10 €
• Cola etc. 0,2 l  1,30 €
• Wasser 0,2 l  1,20 €
• Kaffee 1,50 €
• Wein 0,15 l  ab 2,90 €

**Service** ●●●●●●●

**Ambiente** ●●●●●●○

# Rheingold

**Dat ahle Ihrefeld un dat neue Ihrefeld.** Dat Neue es och dat Ahle, dann hee gitt et zick 1873 Sibbenunveezigelf, jo 4711. Die Fabrik
ist jetzt in Bickendorf, ävver hee schwäv immer noch dä Duff us
Ihrefeld: dat Aroma us Kölsch un Knoblauch, Döner un Flönz, dat is
Eau de Cologne. Und das Blau-Gold, die Farbe von Verwaltung,
ehemaliger Fabrik und vom Rheingold. Dort gibt es selbst gemachten Baiser-Rhabarber- oder gedeckten Apfelkuchen mit Kaffee für
3,80 €. Die Eissplittertorte kommt auch aus der eigenen Konditorei
und kostet mit einem großen Milchkaffee nur 4,50 €. Das Rheingold verwöhnt seine Gäste zu jeder Tageszeit.

>> Ich find, dass es 'ne sehr nette Atmosphäre ist und wirklich gutes Essen zu angemessenen Preisen. <<

Die nichtalkoholischen Getränke sind günstig, und das Kölsch fließt für 1,20 € in die Stange. Das Lokal ist gemütlich modern und das Publikum bunt gemischt.

>> Hier geht es insgesamt ganz, ganz fix und ganz toll zur Sache. <<

Deshalb heißt das tägliche Menü auch Express: Als ersten Gang gibt's z. B. entweder Rucola mit Tomaten und frischem Parmesan oder eine Broccolicremesuppe, und als zweiten Gang kann man zwischen Fisch (z. B. gebratenes Schollenfilet auf Safranrisotto), vegetarisch (z. B. Gnocchi in Basilikumpesto) oder auch Fleisch (z. B. Schweinerücken mit Senfkartoffelkruste auf Sauerkraut) wählen. Das Zwei-Gang-Menü vegetarisch kostet nur 5,80 €, mit Fleisch oder Fisch 6,80 €.

>> Wir kommen eigentlich jeden Mittag hier her, weil das Essen einfach super ist, frisch gemacht und jeden Tag was anderes. <<

Auch Hausmannskost wird angeboten: die Kohlroulade für 5,80 €. Beliebt ist auch das Schnitzel »Wiener Art« mit Röstkartoffeln. Deshalb sind im Rheingold nicht nur mittags die Tische gut besetzt.

>> Seit es das Rheingold gibt, gibt es endlich einen Ort, wo man einigermaßen preisgünstig eine immer noch sehr gute Küche in einem angenehmen Ambiente finden kann. <<

Rheingold, das war auch Begriff für luxuriöses und romantisches Reisen im Rheingoldexpress. Rheingold, der Fußballverein us Poll, VFL Rheingold von 1912.

Rheingold, dat hät dä fiese Möpp Alberich den Rheintöchtern gekläut, in der gleichnamigen Oper von Richard Wagner.

Ävver et schönste Rheingold gitt et nor, nor, nor (3 x nor) en Kölle, dat es et einzige un echte un wohre Rheingold: et Kölsch. Ich han et hee och gefunge, em Rheingold, prost.

---

**Rheingold** 🏠 ☀️
0823 Köln, Ehrenfeld, Venloerstr. 253 • Tel.: 0221/356 390 30
): Mo–Fr 10.30–24 Uhr, Sa 11–24 Uhr, So Ruhetag • Anfahrt mit KVB:
inie 3, 4 bis Körnerstr.

**Krebbers Bewertung:**

**Essen** ●●●●●●○
Die drei beliebtesten Gerichte:
Penne arrabiata 6,80 €
Expressmenü (vegetarisch) 5,80 €,
(Fleisch/Fisch) 6,80 €
Schnitzel »Wiener Art« mit Röstkartoffeln
12,80 €

**Trinken** ●●●●●●○
• Kölsch 0,2 l  1,20 €
• Cola etc. 0,2 l  1,95 €
• Wasser 0,25 l  1,80 €
• Kaffee 1,70 €
• Wein 0,2 l  ab 3,40 €

**Service** ●●●●●●●

**Ambiente** ●●●●●●○

# Roland Eck

**Die Weetschaff op der Eck:** auf der anderen Straßenseite, der Schäl Sick, de les-Eck vum van der Put, gägenüvver et 12° met dä schräge Wingregale. Do weiß de nie: häs de ze vill 12° dren oder es dat alles 12° schräg. Pieloprääch – die Martin-Luther-Kirche: Treff- und Eckpunkt für alle Mühseligen und Beladenen, aber auch Aufgeklärten und Feierfreudigen. Drüben wartet – natürlich die Weetschaff op der Eck. Da geht man nicht nur nach dem Gottesdienst hin und nicht nur für ein Kölsch – aber auch.

Das ist mehr als eine Eckkneipe, das ist die Terrasse vor der Haustür.

>> Ich schätze hier das gute Essen, und dass man abends in gemütlicher Atmosphäre auch mal 'nen guten Weißwein trinken kann.≪

Im Rolandeck kann man schön im Sönnchen oder Schatten sitzen und jet Köhles drinke. Die guten Weine gibt es schon für 3,- € das 0,2 l Glas. Aber nicht nur in den großen, auch in kleinen Gläsern wird ausgeschenkt.

>> Ich find es gut, dass man drinnen und draußen sitzen kann, es ist 'ne ganz schöne, abwechslungsreiche Küche.≪

Ein »Prost« auf die coolen Getränkepreise – auch bei Softdrinks. Das Kölsch ist mit 1,30 € die Stange noch im südstädtischen, unteren Preisniveau.

>> Es ist sehr lecker und gesund, die Zusammenstellung
ist immer was ganz besonderes, also ich bin mindestens
ein- bis zweimal die Woche hier. <<

Ob das reicht, um all die Leckereien zu probieren? Als Vorspeise
Bruschette-Variationen, nach den Antipasti nimmt man dann vielleicht Pasta: Spaghetti mit Lachs für 8,50 €. Der Hauptgang könnte
aus einer wunderbaren Gambaspfanne für 13,50 € oder einem der
vielen guten und günstigen CousCous-Gerichte bestehen.

>> Es ist einfach fantastisch von den Gewürzen her,
man kriegt auch alles, wie man es haben will. <<

Sommersalate mit gebackenem Ziegenkäse (7,80 €) oder Fluss-
krebsen (10,90 €) runden das Ganze ab. Drenne es et gemödlich,
und wer will, kann hier auch – wie fast in jeder Kölner Kneipe – seine Mannschaft unterstützen.

>> Is von allem was dabei, Jung und Alt, verschiedene Szenen,
man ist nicht so festgelegt, is spannend, is schön. <<

»In dieser Weetschaff op der Eck,
da stand ich früher vür der Thek.
Nach ein Uhr nachts trafen wir ein,
da kam man durch die Hintertür herein.
Oh Roland-, Roland-, Rolandeck,
du machtest mich schon damals jeck.«
Der Wirt hieß Doof, verkaufte uns sein Bier übern Hof,
em Naachjackeveedel, die Zeiten vorbei,
ävver Kölsch eins, zwei, drei,
da bin ich dabei.

**Roland Eck**
50677 Köln, Südstadt, Rolandstr. 96 • Tel.: 0221/802 45 40 • www.roland-eck.de
Ö: Mo–Sa 12–1 Uhr, So 10–1 Uhr • Anfahrt mit KVB: Linie 6, 15, 16, 17 bis
Chlodwigplatz

## Krebbers Bewertung:

**Essen** ●●●●●●●

Die drei beliebtesten Gerichte:
• Brik (tunesische Teigtaschen) gefüllt mit
  Meeresfrüchten 6,50 €
• CousCous mit Hühnchen 10,50 €
• Dorade (eine ganze) mit Beilagen nach
  Wahl 15,50 €

**Trinken** ●●●●●●○
• Kölsch 0,2l  1,30 €
• Cola etc. 0,2l  1,70 €
• Wasser 0,2l  1,90 €
• Kaffee 1,80 €
• Wein 0,2l  ab 3,- €

**Service** ●●●●●●●

**Ambiente** ●●●●●●○

# Scampino

**»Einmol em Johr kütt der Rhing usem Bett,** nämlich dann, wenn hä Huhwasser hät, un dann freuen sich de Fesch, dat es doch klor, denn dann han se widder Sauerstoff et eetste Mol em Johr.« Dat wolle mer nit hoffe, denn dann wären in Müllem och de Anrheiner avgesoffe. För Fesch es dat hee der richtige Lade, do kanns de wunderbar en Oliveöl bade. Em Sommer es et schön wärm op dem Terrassegrill, un drenne em Scampino lerns de ding Fründe kenne, ganz vill.

Fisch muss schwimmen – in Wasser oder auch in Wein. Im Scampino bekommt man aber ein Glas 0,1 l Wein erst ab 2,80 €. Das Gläschen Prosecco kann man sich für 4,40 € munden lassen. Insgesamt sind die Getränke nicht gerade preisgünstig. Das gilt besonders fürs Kölsch: stolze 1,70 € für so'n winziges Gläschen. Der Kaffee ist im Preis okay, und das schöne Fischrestaurant op der Schäl Sick wird von seinen Gästen hoch geschätzt.

>> Die Bedienung ist sehr gut, das Essen ist sehr gut, freundliche, gute Atmosphäre einfach. <<

Das Essen ist klasse: die Vorspeisen auf dem großen Teller gibt's für 10,40 €. Die Renner sind in diesem einfach schön eingerichteten Lokal die Pfannen, ob groß oder klein. Die kleine Scampi-Pfanne mit Aioli und Zitrone gibt's für 13,80 €, die Babycalamares schon für 8,90 €. Aber auch die Salate sind toll: Spargel mit Tintenfisch kostet nur 10,80 €. Die große Edelfischplatte mit vielen Beilagen wird pro Person für 22,60 € serviert.

≫ Also einmal dieses mediterrane Flair, mit der rustikalen Einrichtung, das Essen, Ambiente, passt alles. ≪

Was auf dem Markt frisch angeboten wird, kommt in Topf oder Pfanne und dann auf den Teller: z. B. Kaiserbarschfilet in Crevettensoße für 17,90 €.

≫ Das Fischessen ist hier wirklich was Besonderes. ≪

Und zum Abschluss kann man den Abend mit einer wunderbaren Dessertplatte für zwei versüßen.

Hinter einem der Herde in der offenen Schauküche steht der Chef, Norbert Braun.

»Jo, Sauerei, wä mäht hee Fesch, et stink em Huus wie en ener Feschbrodköch. Ach, Herr Braun, maht Ehr hügg Fesch, ja joot, dann setz ich mich met an de Desch.«

Frischer Fisch stinkt nicht, un hee gitt et nor fresche Fesch. Ich will aber die Spezialität des Hauses probieren, die kleine Scampi-Pfanne. Da wird mir vorher, wie jedem Gast, der Scampino-Latz umgebunden, damit ich mir nicht die Klamotten versaue. Denn die Scampis werden natürlich mit den Fingern gegessen.

≫ Ich fühle mich an dem Abend so'n bisschen wie Urlaub. ≪

---

**Scampino** ☀
51063 Köln, Mülheim, Deutz-Mülheimer-Str. 199 • Tel.: 0221/61 85 44
www.scampino.de • Ö: Mo–Fr 12–14.30 Uhr, 18–24 Uhr, Sa/So 18–24 Uhr
Anfahrt mit KVB: Linie 4 bis Grünstr.

**Krebbers Bewertung:**

**Essen** ●●●●●●○
Die drei beliebtesten Gerichte:
• Antipastiteller 10,50 €
• Scampi-Pfanne (klein) 13,80 €, (groß) 18,50 €
• Scampino Grillteller mit verschiedenen Fischfilets, Scampi und Gemüse 16,50 €

**Trinken** ●●●●●○○
• Kölsch 0,2 l  1,70 €
• Cola etc. 0,2 l  2,30 €
• Wasser 0,5 l  3,50 €
• Kaffee 1,85 €
• Wein 0,1 l  ab 2,80 €

**Service** ●●●●●●○

**Ambiente** ●●●●●●○

# Sorgenfrei

**Sorge han mer all.** Im Belgischen Viertel, Antwerpenerstraße, gegenüber von Habuzin, jittet die Lösung. Wein und Speisen – sorgenfrei: Schütt die Sorgen in ein Gläschen »Weien« … Und von Brings kütt: Sorge un Nud, die suffe mer hügg dud. Un de Fööss singe: Drink doch met un kömmer dich nit dröm. Do wolle mer doch ens luure, ov dat hee sorglos geiht.

Fürsorglich wird in diesem Restaurant mit dem Wein umgegangen: rot und weiß – 30 unterschiedliche offene Sorten werden im 0,1 l Glas günstig ab 2,- € ausgeschenkt. Flaschenweine gibt es in großer Auswahl aus den europäischen Anbaugebieten.

>> Das große Angebot an Weinen, die es hier gibt, und die sind alle sehr lecker. <<

Gemütlich sitzt und trinkt man hier in kleiner und großer Runde. Kölsch kostet aus der Flasche teure 2,40 €, die Softdrinks sind preislich okay und Wasser (1,50 €) sowie Kaffee (1,90 €) liegen im Rahmen. So findet man hier das sorglose Zusammensein beim Wein.

>> Ich erleb das hier als sehr entspanntes Lokal, und ich bin hellauf begeistert von der Bedienung. <<

Das trifft aber auch auf das Essen zu. Hier gibt es eine einfache überschaubare Küche von hoher Qualität: das Lammhüftsteak mit CousCous für 15,- € oder das Entrecôte mit Gemüse, Bratlingen und Sauce bearnaise für 16,90 €. Immer auch auf der Karte zu finden sind Fischgerichte: z. B. Zanderfilet mit Beilagen oder – was viele auch gerne essen – Regenbogenforelle mit Senfsauce, beides für je 14,50 €.

>> Ich kann nur sagen, dass die Qualität des Essens außerordentlich ist. <<

Beliebt sind die Nudeln, wie Penne mit getrockneten Tomaten (7,50 €), oder marinierte Crevetten als kleine Vorspeise.

>> Mir hatten das Freunde empfohlen und dazu gehören auch Köche, und wissen Sie, das ist natürlich 'ne Empfehlung, die wirklich zählt. <<

Und noch größeren Anklang als die Kartoffelcreme findet jeden Samstag die Fischsuppe.

>> Ich finde, in Köln gibt es kein vergleichbares Restaurant, das ist einfach einzigartig. <<

Na, da ist man dann doch wirklich sorgenfrei!

## Sorgenfrei ☼

50672 Köln, Belgisches Viertel, Antwerpenerstr. 15 • Tel.: 0221/355 73 27
www.sorgenfrei-koeln.com • Ö: Mo–Fr 12–15 Uhr, 18–24 Uhr, Sa 16–24 Uhr, So Ruhetag • Anfahrt mit KVB: Linie 3, 4, 5, 12, 15 bis Friesenplatz

### Krebbers Bewertung:

**Essen** ●●●●●●●
Die drei beliebtesten Gerichte:
• Provenzalische Fischsuppe 5,90 €
• Penne mit getrockneten Tomaten, Pinienkernen und Basilikum 7,50 €
• Steak mit Pommes frites und Salat 17,50 €

**Trinken** ●●●●●○
• Kölsch 0,33 l 2,40 €
• Wasser 0,2 l 1,40 €
• Kaffee 1,80 €
• Wein 0,1 l ab 2,- €

**Service** ●●●●●●●

**Ambiente** ●●●●●●○

# Viertelküche

**Mer han jetz Veedel vür Sibbe en unserm Veedel, un dat es Neppes.** 1/85 vun Kölle. De Kreuzung Cranachstroß/Siebachstroß es ei Ganz met vier Ecke. ¼ vun der Kreuzung, alsu ein Eck, dat es de Veedelsköch, die Viertelküche. Die ViertelBar findet sich ja och en diese Buch, se rs e paar Stroße wigger, ävver noch em Veedel.

>> Das ist angenehm, angenehm, richtig angenehm. <<

Die offene Küche nimmt ein Viertel des Lokals ein. Den Sekt gibt's im 0,2 l Piccolöchen für nur 5,50 €, und das Kölsch fließt direkt aus dem Fass, 1,20 € die Stange. Wasser gibt's im 0,2 l Glas für nur 1,- €, und auch die übrigen Getränke kosten nicht viel. Die Viertelküche ist eben mehr als nur eine Küche.

>> Ja, die Art, das Ambiente, und dass es Sachen gibt, die ich zu Hause nicht nachkochen kann. <<

Deshalb sind ja auch alle hier und probieren die asiatisch ange-hauchten und wunderbar leckeren Gerichte. Das Rumpsteak im Champignonmantel auf einem Schalotten-Bärlauch-Chutney mit Brätlingen bekommt man schon für 12,50 €. Das Welsfilet in einer Spargel-Waldmeister-Soße für 11,50 € ist unschlagbar. Die Portio-nen sind groß, und die Zubereitung ist exquisit.

>> Das sieht einfach wunderbar aus, und es riecht gut hier. <<

Die Panzerotti sind gefüllt mit Rucola und Pinien (9,- €), aus grünem Tee und Sesam besteht die Füllung der Hähnchenbrust für 10,- €, und jeden Tag rundet eine andere tolle Nachspeise das Viertel zu ei-nem Ganzen auf.

>> Für mich ist es ein bisschen wie Urlaub, finde ich
ganz schön. Also den einzigen Stress, den man hier hat,
dass man nicht entscheiden kann, was man Essen soll,
weil alles so lecker ist. <<

Ich han gedaach, en der Veedelköch kritt mer och ene Veedelliter Kölsch. Zom Glöck gitt et hee ävver de Stang met 0,2 l, also ein fünftel Liter. Im Süden haben sie ja das Maß, äh, die Maß, also vier Veedel, dat sin en Kölle fünf Fünftel. Ävver woröm heiß et Veedel hee eigentlich Veedel, wann die hee gar kei Veedel han? Doch, der Wing es e Veedel, 0,25 l.

## Viertelküche

50733 Köln, Nippes, Siebachstr. 50 • Tel.: 0160/776 99 80 • Ö: tägl. ab 18 Uhr
Anfahrt mit KVB: Linie 6, 12, 15 bis Lohsestr.

## Krebbers Bewertung:

**Essen** ●●●●●●○

Die drei beliebtesten Gerichte:
• Salate mit verschiedenen Dressings
  7,50 €
• Hähnchenbrust gefüllt mit Grüntee und
  Sesam, auf Aprikosen-Tandoori-Soße,
  Reis und Gemüse 10,- €
• Kalbschnitzel in Sesammantel, Brätlinge
  und gebratenes Gemüse 12,- €

**Trinken** ●●●●●●●
• Kölsch 0,2 l  1,20 €
• Cola etc. 0,33 l  2,20 €
• Wasser 0,2 l  1,- €
• Kaffee 1,50 €
• Wein 0,25 l  ab 3,50 €

**Service** ●●●●●●●

**Ambiente** ●●●●●●○

# Vintage

**Die Pfeilstraße: Boutiquen, Galerien, Antiquitäten und eine
Weinoase,** das »Wengtaasch« oder »Vinntitsch«, wie der Engländer sagt. Es gibt verschiedene Bedeutungen von »Vinntitsch«.
»Vinntitsch« ist z. B der Oldtimer, »Vinntitsch« heißt aber auch der
Erstabzug eines Fotos vom Negativ.

   Das Vintage ist en Wingetage, un wä lang süff, dä leev och lang.
Im Vintage kann der Gast gemütlich lange aussuchen, schnüffeln,
schwenken und trinken, bis er durch ist.

» Eine wohltuende Atmosphäre ist hier drin. «

Es gibt ein großes Sortiment an Schaumweinen und Champagnern:
Ein Gläschen Champagner 0,1 l bekommt man für 8,90 €. Über 800
Flaschenweine stehen zur Auswahl aus allen Anbaugebieten der
Welt – die Flasche ab 6,- € plus 11,- € Korkgeld. 20 offene Weine
(das Glas 0,1 l ab 2,90 €) werden angeboten, aber keine Cola oder
Limo und – na, ja, konsequent – kein Kölsch. Aber die Gäste freuen
sich über andere Dinge.

» Die Weinkarte, ich denke, das ist eine der besten in
   Deutschland. Mittags kann ich für 10,- € sehr gut
   essen, das ist eine ehrliche Küche. «

Ehrlich in der Zubereitung und ehrlich im Preis. Zwei Tagesgerichte gibt es zusätzlich zur regulären Karte: z. B. Spanferkel mit Möhren und Kartoffelpüree für 10,- €. A la carte kann man u.a. Rinderfilet mit Strauchbohnen für 21,50 € bestellen. Die Speisen von der Karte sind schon gehoben im Preis, aber auch von guter Qualität; den Antipastiteller gibt's für 12,- €. Der Salat Poularde wird mit einer ganzen Brust serviert (12,50 €).

>> Sehr schön, großzügig, hell, für den kleinen Hunger, für den kleinen Hunger zwischendurch. «

Von Jung bis Alt schmeckt's allen hier.

>> Das Angebot mit Wein in der Kombination mit dem Restaurant finde ich sehr schön, und mal was anderes in Köln. «

Das gute Essen und der gute Wein sind aber nicht alles, was dieses Lokal zu bieten hat. So kann man an der Theke einen kleinen Prosecco genießen oder auch von den 20 Sorten Olivenöl probieren bzw. von der hauseigenen Schokolade naschen. Eigenartiger Geschmack, das alles zusammen auf der Zunge, aber lecker. Sie können das, müssen das aber nicht, dann luuter müsse – also immer müssen –, es wie nie dürfe, dröm dürfe mer immer welle, müssen ävver nit.

## Vintage ☀

50672 Köln, Innenstadt, Pfeilstr. 31–35 • Tel.: 0221/92 07 10
Ö: Mo–Do 11–24 Uhr, Fr/Sa 11–1 Uhr, So Ruhetag • Anfahrt mit KVB:
Linie 1, 7, 6, 12, 15 bis Rudolfplatz

**Krebbers Bewertung:**

**Essen** ●●●●●●○
Die drei beliebtesten Gerichte:
• Tagesgericht »Hausmannskost« 10,- €
• Vintage-Salat mit Poulardenbrust 12,50 €
• Scampis vom Grill mit Tandoorisauce, Thaispargel, Basmatireis 22,50 €

**Trinken** ●●●●●○
• Wasser 0,75 l  6,40 €
• Kaffee 2,20 €
• Wein 0,1 l  ab 2,90 €

**Service** ●●●●●●●

**Ambiente** ●●●●●●●

# Waldhaus Königsforst

**Früher hielt die Bahn hier.** Seit 1928 gab es die Haltestelle und das Waldhaus Königsforst. Schon damals war die Kneipe das Ausflugsziel der Kölner vor der Haustür. Mehr Urlaub konnte man sich nicht leisten. Man traf sich auch im Sälchen, öm Fastelovend zo fiere, loss mer jet schunkele, oder lauschte männlichen Chören mit »Waldeslust« oder anderen choralen Gesängen. Zick zwei Johr es dat schöne Huus renoviert und freut sich auf seine Gäste.

>> Ich mag einfach dieses alte Haus, und ich mag die Kombination von dem Alten und dem Modernen. <<

Eine riesige, überdachte Terrasse lädt zum Trinken und Essen ein. Ävver et Kölsch koss zo vill, das Weizenbier für 3,30 € ist okay.

>> Ich wollt ming Famillich usführe, nor et Bier för 1,40 € es zu düür. <<

Die Riesenauswahl an geschlossenen und offenen Weinen überzeugt von Preis und Qualität, aber die übrigen Getränke mit oder ohne Alkohol sind nicht billig, so kosten Wasser und Apfelschorle 1,70 € das 0,2 l Glas.

>> Man kann auch schön hier drum herum noch ein bisschen spazieren gehen, vor dem Essen oder nach dem Essen. <<

Am Wochenende gibt es günstig Fleisch und Folienkartoffeln vom Grill, das Entrecôte kostet 7,50 €, das Riesen-T-Bone-Steak 17,50 € – so wie der Gast es mag.

>> Dass ich hier mein Steak bekomme, so wie ich es gerne hätte, durchgebraten, braun gebrannt. <<

Die Salate sind klasse und deshalb auch sehr beliebt. Es gibt 'ne Menge einfache, günstige Gerichte wie Suppen, Nudeln oder

Pfannkuchen: z. B. der »Toskana« mit Tomate und Mozarella. Aber auch Exotisches wie die karibische Feuerbrasse landet ganz auf dem Teller. Und das zum nicht übertrieben Preis von 22,90 € pro Person mit allen Beilagen.

>> Und für unsere Kinder, auch noch Spielplatznähe und ein kleiner Teich. <<

Natürlich ist das Waldhaus was für große Kinder wie mich. Ach, alle Kinder haben hier ihren Spaß: auf dem Spielplatz, mit nackten Füßen durch den Bach platschen und das Geheimnis des Sees lüften. Hier wohnt nämlich Millowitsch, das Haustier vom Waldhaus Königsforst, ein dicker, fetter Goldkarpfen, der schon seit 20 Jahren hier lebt. Wenn man ihn mit etwas Brot an die Oberfläche lockt, kann man sich was wünschen.

## Waldhaus Königsforst 🏠 ☀

51107 Köln, Königsforst, Baumschulenweg • Tel.: 02205/89 47 97
www.waldhaus-koenigsforst.de • Ö: Di–Fr ab 14.30 Uhr, Sa/So ab 11 Uhr, Mo Ruhetag • Anfahrt mit KVB: Linie 9 bis Königsforst

**Krebbers Bewertung:**

**Essen** ●●●●●●●
Die drei beliebtesten Gerichte:
• Fitnesssalat mit Putenbrust 10,90 €
• Schweinerückensteak mit Tomate und Mozarella überbacken und Bandnudeln 11,80 €
• Entrecôte mit Beilagen 13,80 €

**Trinken** ●●●●●●○
• Kölsch 0,2 l  1,40 €
• Cola etc. 0,2 l  1,70 €
• Wasser 0,2 l  1,70 €
• Kaffee 2,10 €
• Wein 0,2 l  ab 3,50 €

**Service** ●●●●●●●

**Ambiente** ●●●●●●○

# Walterscheidt's

**Jazzabende werden hier einmal im Monat veranstaltet.** Ansonsten trinken hier nicht nur Rodenkirchener Kaffee, der manchmal nicht heiß genug ist. Das Lokal ist ein Treffpunkt für Jung und Alt: Die Getränkepreise sind ganz in Ordnung, gemütlich isset und die Weinauswahl riesig. Weiße, Rote und Rosé – wie im Weinkeller übersichtlich in Regalen gelagert. Und die Preise stimmen auch. Aber die einzigen Biere, die es hier gibt, sind Hefeweizen und Kölsch nur aus der Flasche. Das wird bestimmt noch nachgebessert. Dafür entschädigt das Essen in Bezug auf Frische, Geschmack und Preis.

≫ Das ist das, was man mittags braucht, muss schnell gehen und muss nett sein. ≪

Die Kartoffelsuppe für 4,50 € macht nicht nur satt. Alle Gerichte – z. B. die Gemüselasagne für 6,95 € – werden frisch zubereitet und liegen zwischen mediterran und traditionell.

≫ Ich sag mal, das ist mein Esszimmer. ≪

Hühnerfrikassee bekommt man für 7,95 €, und die Bratwurst auf Gemüse nach Wahl gibt es auch als Kinderportion für den kleinen Hunger. Die Salate schmecken nicht so toll, aber die Gäste sind zufrieden.

>> Das Essen ist hervorragend, zum sehr guten Preis, wirklich frisch. <<

Weil ich von all dem guten Essen nicht genug kriegen kann, nehm ich mir was mit nach Hause. Vorspeise – Kartoffelsuppe, dann die Antipasti, Fischragout in Kräutersahne, und ach, die Rote Grütze als Dessert … und alles andere auch noch, wunderbar.

>> Es ist ein Gewinn für Rodenkirchen. <<

## Walterscheidt's

50996 Köln, Rodenkirchen, Maternusstr. 6 • Tel.: 0221/93 55 04 17
Ö: Mo–Mi 11–18.30 Uhr, Do/Fr 11–23 Uhr, Sa 10–16 Uhr, So Ruhetag
Anfahrt mit KVB: Linie 130, 131, 135 bis Maternusplatz

## Krebbers Bewertung:

**Essen** ●●●●●○○
Die drei beliebtesten Gerichte:
• Möhren untereinander 4,95 €
• Bandnudeln mit Pilz-Sahne-Sauce
  6,50 €
• Hühnerfrikassee 7,95 €

**Trinken** ●●●●●○○
• Kölsch 0,33 l  2,25 €
• Weizen 0,33 l  2,25 €
• Cola etc. 0,2 l  1,60 €
• Wasser 0,2 l  1,30 €
• Kaffee 1,60 €
• Wein 0,2 l  ab 2,75 €

**Service** ●●●●●●○

**Ambiente** ●●●●●●○

# Weinstube Bacchus

**Die Römer haben ja den Wein nach Köln gebracht,** das kann man schön sehen am Dionysos-Mosaik im Römisch-Germanischen-Museum. Warum heißt das eigentlich nicht Bacchus-Mosaik? Bacchus ist nämlich der Gott des Weines und der Fruchtbarkeit. Bei Festen zu seinen Ehren soll es früher zu Ausschweifungen gekommen sein. Wenn zum Wein auch Weib und Gesang gehören, muss ich das als Kölschtrinker mal ausprobieren.

E ganz jemödlich Getratsche, Getrinke un Zeesse: Im Bacchus werden über 30 weiße Weine, fast nur aus Deutschland, darunter eher unbekannte, aber edle Gewächse aus Sachsen schon ab 3,20 € angeboten.

>> Wir haben schon oft hier gefeiert, auch große Feste, und sind immer klasse bedient worden. <<

Im Winter trinkt man doch gerne einen Rotwein, auf Empfehlung des Wirtes vielleicht einen Pinot Noir aus Baden. Ob Flasche oder Glas, man kann wählen zwischen einfachen und edlen Rebsorten, und ab 3,40 € gibt's den Schoppen 0,2 l zum traditionellen Gänsebraten. Bier bekommt man leider nur aus der Flasche, außer im Sommer auf der Terrasse bei schönen Anlässen aus dem Pittermännchen. Aber die Gäste kommen ja wegen der Weine und aus anderen Gründen hierher.

>> Das ist ein Ort, auf den kann man sich verlassen, ist immer gleich bleibende, gute Qualität. <<

Da kommt sie auf den Tisch: die knusprige Gans. Als Menü mit Süppchen vorher und Bratapfel nachher für 28,50 € – Brust oder Keule, eine leckere Füllung, Rotkohl mit Maronen sowie Kartoffel- und Semmelklöße.

>> Ich liebe die Gänse, hi, hi, hi, hi. <<

Im Angebot sind aber auch andere Gerichte: die Birnen-Linsensuppe süß-sauer mit Mettwurst für 5,40 € oder der Salat mit Thunfisch (8,70 €).

>> Der nette Service, die feinen Weine, das gute Essen. <<

Dat Ganze geiht och för 90,- € noh Hus tirek op der Desch. Bei die Gans, ganz god geföllt, gitt et noch Rotkohl, Kartoffel- und Semmelknödel, Soße, Maronen, alles was Sie wollen. Wenn dann Erbtante Lisbeth zum Essen eingeladen ist, künnt Ehr met dä Gans glänze.

Ganz god gebrode Gans, ganz gemödlich geneeße. Jawoll.

---

## Weinstube Bacchus

50674 Köln, Kwartier Latäng, Rathenauplatz 17 • Tel.: 0221/21 79 86
www.weinstubebacchus.de • Ö: Mo–Fr 17–1 Uhr, Sa/So 18–1 Uhr
Anfahrt mit KVB: Linie 6, 9, 12, 15 bis Zülpicherplatz

### Krebbers Bewertung:

**Essen** ●●●●●●○
Die drei beliebtesten Gerichte: Grünkohl mit Mettwurst und Kassler 8,20 €
Rindersteak mit Pfeffersauce, Bratkartoffeln, Gemüse und Salat 13,70 €
Gänsemenü: Suppe – Gänsebraten (gefüllt) mit Rotkohl, Maronen, Kartoffel- und Semmelklösse, Soße – Bratapfel 28,50 € (Nov./Dez.)

**Trinken** ●●●●●●○
• Kölsch (gibt es nur im Sommer aus dem Fass auf der Terrasse),
• Brauerbier 0,5 l  3,20 €,
• Cola etc. 0,2 l  2,- €,
• Wasser 0,25 l  1,80 €,
• Kaffee 1,90 €,
• Wein 0,2 l  ab 3,20 €

**Service** ●●●●●●○

**Ambiente** ●●●●●○○

Veedel

# Dellbrücker Schlemmerhüsje

**Dellbrück – früher vier Dörfer: Thurn, Strunden, Hagedorn und Dellbrück – heute das gesellschaftliche Zentrum im Osten Kölns.** Mittendrin das Dellbrücker Schlemmerhüsje. Dat kleine Huus för zo schlemme, Slampen, Slumpen, Schmatzen, Schlürfen unterscheidet sich von den benachbarten Esstempeln, Fressbuden und Restaurants durch das Objekt der Begierde. Was isst der Kölner gern, wat dät hä gään müffele, wat es sing Leckerche? Rievkoche, nor Rievkoche, nix wie Rievkoche.

Mit Matjes, Hawaii oder Camembert: fast 50 unterschiedliche Arten der Zubereitung gitt et hee. »Öllig« – drei Stück plus Kräuterquark für 6,- €, »Förster« mit Gehacktem und frischen Pilzen für 7,20 € oder altdeutsch mit Pilzen und Speck für 6,20 €. Es gibt sogar den »Blauen Engel« – süß – mit einer Cointreau-Soße, und beim »Mäxchen« finden sich statt ener Schiev Brud zwei Rievkoche för 6,- €.

» Also, ich find se sehr lecker, die sind halt wie bei Mama. «

Wem das noch nicht reicht, der bestellt sich en Rievkochepann met Fleisch un Speck – alles ab 9,40 €: Rievkoche satt.

» Wir haben schon überall Reibekuchen gegessen, aber hier ist es bis jetzt Spitze, muss ich sagen. «

Es gibt natürlich auch andere Gerichte, z. B. die Ratsherrenpfanne – ohne Rievkoche – mit Steaks für 12,50 €. Und Fritte gitt et met Appelmus un – Rievkoche. Wer fett isst, muss leicht trinken: Kölsch für prima 1,10 €, und die anderen Getränke sind auch richtig billig –

der Wein 0,2 l für 1,60 €. Das Trinken weckt den Appetit, und das Essen macht durstig. Et Kölsch zisch un för der ärg belastete Mage gitt et jo prima Schabau.

>> Lecker Esse, lecker Kölsch un 'ne gode Weet.<<

Em Schlemmerhüsje kütt jeder Schmecklecker op sing Koste, Rievkoche en all Variatione. För mich Rievkoche pur, einfach, einfach met nix. Un wann de noh sechs Rievkoche noch Schless häs, kriss de 'ne sibbte noch för ömesöns.

Rekord sind 15 einzelne Rievkoche. Der Rekordhalter konnte auch mit 'nem Schabäuchen nicht wieder belebt werden.

>> Dellbrück ohne Reibekuchen, Dellbrück ohne Schlemmerhüsje – dat wär nur halb Dellbrück.<<

---

## Dellbrücker Schlemmerhüsje 🍷 ⛰️
51069 Köln, Dellbrück, Dellbrücker Hauptstr. 144 • Tel.: 0221/680 41 73 www.dellbruecker-schlemmerhuesje.net • Ö: Mo/Di/Do/Fr 10.30–14 Uhr, 16–1 Uhr, Sa 10.30–14 Uhr, 18–1 Uhr, Mi/So 10.30–14 Uhr • Anfahrt mit KVB: Linie 3, 18 bis Dellbrück Hauptstr.

### Krebbers Bewertung:

**Essen** ●●●●●●○

Die drei beliebtesten Gerichte:
- Rievkoche Mo/Di/Do ab 18 Uhr
- »Altdeutsch« – 2 Rievkoche mit Speck, Zwiebeln und Champignons 6,20 €
- »Tonno« – 2 Rievkoche mit Thunfisch und Käse überbacken 7,60 €
- »Pute« – 2 Rievkoche mit Putenbruststreifen, Holländischer Soße und Salat 8,40 €

**Trinken** ●●●●●●●
- Kölsch 0,2 l  1,10 €
- Cola etc. 0,2 l 1,10 €
- Wasser 0,25 l  1,15 €
- Kaffee 1,20 €
- Wein 0,2 l  ab 1,60 €

**Service** ●●●●●●●

**Ambiente** ●●●●●●○

# Eckstein

**Luxemburgerstraße/Ecke Siebengebirgsallee, do es zick üvver 100 Johr en Weetschaff.** En all dä Johre es do nix kapodd gegange, do es alles op solide Stein gebaut. Die Weetschaff op dr Eck heiß – genau – Eckstein. En dä Apethek nevvenaan wor fröher de Schnapsbrennerei. Heute bekommt man da leider nur Droge op Krankesching. Allerdings – Weine werden im Eckstein schon ab 3,- € im 0,2 l Glas ausgeschenkt. Kölsch gibt's natürlich auch, die Stange für 1,30 €.

>> Die haben 'ne wechselnde Speisekarte, immer wieder mit sehr leckeren Gerichten, die auch ein bisschen außergewöhnlich sind. <<

Zum Beispiel das Fleisch- oder das Käsefondue. Oder der große Salat mit Thymiankartoffeln.

>> Die Bedienung ist hier so charmant und nett, dass sie mich dazu gebracht hat, hier noch mal 'ne Suppe und ein Schnitzel zu essen, und es hat hervorragend geschmeckt. <<

Die Portionen sind großzügig und die Preise angemessen.

>> Gegenüber dem Vorgänger hat sich das Preis-Leistungs-Verhältnis wesentlich verbessert. <<

Klettenberg wor jo ald immer en vürnähm Adress. Nit esu wie Lindenthal oder Marienburg, ävver e bessche schon. Et wor esu vürnähm, dat de Bürger us Sülz als Adress Klettenberg aangegovve han. Esu vürnähm, dat der Klettenberger em Lokal »Frichen Fich auf den Tich« han wollt, nur um das ordinäre »Sch« zu vermeiden. Hügg es dat ganz anders.

>> Hier sind Leute, die um die Ecke wohnen, junge, alte Leute, also das ist ein schöner Treff. <<

---

## Eckstein ✕ ☼

50939 Köln, Klettenberg, Siebengebirgsallee 2 • Tel.: 0221/550 95 87
Ö: Mo–Sa 10–1 Uhr, So ab 11 Uhr, Küche 12–15 Uhr, 18–23 Uhr
Anfahrt mit KVB: Linie 18, 19 bis Sülzburgstr.

## Krebbers Bewertung

**Essen** ●●●●●●○

Die drei beliebtesten Gerichte:
Elsässer Flammkuchen ab 6,50 €
Großer Salat mit kross gebratenen
Thymiankartoffeln 7,90 €
Garnelenpfanne mit Krebsfleisch und
Greenshellmuscheln 13,90 €

**Trinken** ●●●●●●○
• Kölsch 0,2 l 1,30 €
• Cola etc. 0,2 l 1,40 €
• Wasser 0,2 l 1,20 €
• Kaffee 1,80 €
• Wein 0,2 l ab 3,- €

**Service** ●●●●●●○

**Ambiente** ●●●●●●○

# Em Höttche

**Stellen Se sich ens för, dat Höttche do es gar nit do.** Vor Jahren sollte nämlich die Gieratherstraße verlegt werden, durch die Kneipe durch. Zum Glück steht das über 200 Jahre alte Hüüsche noch. Denn söns künnt ich jo die Nachkommen der Neandertaler hier nit treffe. In Strunden sollen sich nämlich schon 50 000 Jahre v. Chr. unsere Vorfahren angesiedelt haben. Vun der gebeldte Aap bes zom löstige Strundener, deef em Oste, em Höttche.

Aus den schönen alten Holzfässern fließt Päffgen Kölsch, die Stange für gute 1,20 €. Weil einer der Wirte Köbes im Päffgen war, Ambiente und de Fooderkaat och stemme, kommt Päffgen Kölsch in die Gläser. Die Liebhaber dieser Marke kommen selbst aus Dellbrück, Holweide und Bergisch-Gladbach nach Strunden, nur um ihr geliebtes Bier hier zu trinken.

>> Das Bier is klasse, also dat is sensationell. Wo kriegt man schon das Päffgen, wenn man nicht aus der Innenstadt is. <<

Die anderen Getränke – falls sie überhaupt verlangt werden – haben alle einen fairen Preis, und die Gäste sind vollauf zufrieden.

>> Wir verkehren mit der gesamten Familie schon seit zig Jahren hier, noch bei dem ganz alten Besitzer. <<

Dat decke Kotelett mit Öllig un Beilage ist hier eins der Lieblingsgerichte, 9,90 € bezahlt man för dat gode Stöck. Die kölsche Fooderkaat zählt um die 20 Gerichte, ergänzt durch eine kleine, feine Tageskarte.

>> Man kann hier sehr schön sitzen und gepflegt essen. Es hat uns auch heute wieder sehr gut geschmeckt. <<

Da gibt es z.B. Hirschgulasch für 9,90 € oder dat Ferkes – also e Schweineschnetzel met Zauß un Vierkantäädäppel – für 8,90 €. Wild und Gans sind im Herbst im Angebot: Wildschweinbraten mit Rotkohl und Klößen (10,90 €) und Gänsekeule mit Grünkohl und Bratkartoffeln (11,50 €). Auch die kleinen Speisen sind lecker und billig: den Dreieier-Max gitt et för 5,90 €.

>> Die Gemütlichkeit, die gute Bedienung, das leckere Kölsch, gutes Essen, an und für sich ein rundum gutes Paket. <<

## Em Höttche 🍽 ⛰ ☼

51069 Köln, Dellbrück, Gieratherstr. 10 • Tel.: 0221/998 17 45 • Ö: Di–Do ab 16 Uhr, Fr–So ab 11 Uhr, Mo Ruhetag • Anfahrt mit KVB: Linie 3, 18 bis Dellbrück Hauptstr.

### Krebbers Bewertung:

**Essen** ●●●●●●○

Die drei beliebtesten Gerichte:
Booreschnetzel met Pilze, Öllich, Speck, Broodäppele un Schlot 8,80 €
Ne Klotz vun Karmenat Kappeschlot un Brodädäppele 9,90 €
Gänsebrust mit Rotkohl, Klößen, Maronensoße und Bratapfel 12,50 €

**Trinken** ●●●●●●●
• Kölsch 0,2 l  1,20 €
• Cola etc. 0,2 l  1,40 €
• Wasser 0,25 l  1,40 €
• Kaffee 1,40 €
• Wein 0,2 l  ab 3,20 €

**Service** ●●●●●●●

**Ambiente** ●●●●●●○

# Früh em Veedel

**Brautradition em Vringsveedel** wurde jahrhundertelang im Haus Balchem, später, 1885, nach Abbruch der Stadtmauer, in einer neuen Kneipe gepflegt: Chlodwigplatz 28. Hier entstand die erste Cognac- und Branntweinbrennerei mit Schankwirtschaft. Die Familie Hermann führte seit Anfang des 20. Jahrhunderts die Kneipe hier an der Vringspooz. Bis Mitte der 70er Jahre wurde bei Hermanns im Vringseck Schnaps und Bier getrunken, und das ist bis heute so im Früh em Veedel.

Gemütlich und kölsch es et em Invalidendom. So wird das Vringseck auch genannt, weil früher so viele Rentner an der Theke standen. Heute ist das Publikum gemischt us dem Veedel hee för zo schwaade un ze drinke.

>> Man kommt hierhin, nach dem Einkaufen, nach der Massage, um die Leute aus dem Viertel zu treffen, ne, und das ist einfach super. <<

Über 100 Jahre ist an der Kneipe drinnen nichts verändert worden. Ganz früher wurde hier nur Pils ausgeschenkt, heute schmeckt das frisch gezapfte Früh Kölsch zum Feierabend. Ob Jung oder Alt, Männer oder Frauen, für 1,30 € gibt's das Kölsch aus der Stange in historischer Umgebung.

>> Ich sag och, hier es man also mitten em Veedel, da es man so urig zesamme, wie man dat normal ja ni' mih kennt. <<

Hier haben die Fööss Lieder ihrer Ostermannrevue gedreht, und die Familie Hermann hat ab 1904 den Gästen eine große Auswahl an hochprozentigen Getränken angeboten. Die Destille im hinteren Teil des Lokals zeigt es an, hier wurden Schnäpse gebrannt und Liköre hergestellt. Drei der hier original destillierten »Hermänner« gitt et hee noch, und zwar »Deck un Dünn«, dat es ene Kräuterschnaps, su ene söße för de Mädcher. Dann gitt et der »Alte Ulan«, da kann sich der Mann einen hinter die Binde gießen, wann hä fett gegesse hät, un et »Stippeföttche«, ene Pefferminzlikör, damit verklebt man sich so schön den Hals.

In der Gaststube ist es am frühen Abend schnell voll, weil nicht nur das Kölsch und die Schnäpse, sondern auch die kölschen Gerichte locken. Die Küche bietet eine große Auswahl, z. B. täglich Rievkoche, hier als kölsche Pizza mit Camembert und Preiselbeeren. Manchmal etwas zu fettig kommen die Gerichte daher, und bis auf die Kleinigkeiten zum Bier sind einige Speisen einfach zu teuer. Aber das tut der Liebe der Südstädter zu ihrem Früh em Veedel keinen Abbruch.

» Ja, guck dich doch um hier. Die Atmosphäre, et Essen, et Bier, der Köbes, alles. Das ist einfach ein schönes Lokal, was hier ins Viertel gehört. «

## Früh em Veedel  ▲▲☼

50678 Köln, Vringsveedel, Chlodwigplatz 28 • Tel.: 0221/31 44 70
Ö: Mo–Sa 11–1 Uhr, So Ruhetag • Anfahrt mit KVB: Linie 6, 12, 15, 16, 17 bis Chlodwigplatz

### Krebbers Bewertung:

**Essen** ●●●●●●○○
Die drei beliebtesten Gerichte:
• Rievkooche in allen Variationen ab 3,10 €
• Sauerbraten, Kartoffelklöße und Apfelkompott 11,40 €
• Schweinehaxe, Bratkartoffeln und Speck-Krautsalat 11,95 €

**Trinken** ●●●●●●○
• Kölsch 0,2 l  1,30 €
• Cola etc. 0,2 l  1,85 €
• Wasser 0,25 l  2,- €
• Kaffee 1,85 €
• Wein 0,2 l  ab 3,75 €

**Service** ●●●●●●○

**Ambiente** ●●●●●●●

# Gaffelstube

**Do steiht nit en neue Vringspooz am Chlodwigplatz.** Dat sin die schönen Baugeräte von der U-Bahn-Baustelle. Zwesche Bushaldestell, Bauzung un Bohrer, zwesche Döner, Döner un Döner litt de Gaffelstuvv.

>> *Ich liebe die kölsche Mentalität, und die erlebt man hier hautnah, und das finde ich toll.* <<

Man kennt sich, man trifft sich – in der guten Stube am Chlodwigplatz zu Kölsch und anderen Kaltgetränken.

>> *Hinter der Theke und vor der Theke, dieses dumme Geschwätz, das man hier loswerden kann, das ist das Richtige.* <<

In erster Linie gehen hier die frisch gezapften Kölschstangen über die Theke. Das liegt natürlich auch am Superpreis von 1,05 €. Hintendurch setz mer gemödlich an Tischen und trinkt außer Bier auch schon mal e lecker Konjäkche, denn alle Getränke, ob mit oder ohne Alkohol, kosten nicht viel.

>> *Urgemütlich, urkölsch, gutes Essen, gutes preiswertes Kölsch, und die Leute treffen sich hier.* <<

Friedags gitt et Fesch: Rudbarschfilet met Schlot un Aädäppel för 11,50 €, oder man wählt en einfache Currywoosch met Fritte för 4,50 €. Die Portionen sind überraschend riesig, und Schnitzel mit hausgemachtem Kartoffelsalat wie auch der Speckpfannekuchen, beides für 6,60 €, sind gut im Preis.

>> *Dat Esse, dat schmeck also immer, und dä Preis stemmp och.* <<

Et gitt Gaffelstuvve en Leverkuse, Bergheim, op Mallorca un en New York. Ävver die hee künnt richtig beröhmt wääde. Unger däm Lade do drüvve han Amateurbuddler en de 1960er Johre et Grabmal vum Poblicius gefunge un an et Römisch-Germanische Museum verkauf. Vielleicht fingk Ehr bei all dä Buddelei hee jet Wertvolles unger der Gaffelstuff. Anstelle des Doms würde die dann Weltkulturerbe.

## Gaffelstube

50678 Köln, Vringsveedel, Chlodwigplatz 11 • Tel.: 0221/932 71 10
Ö: tägl. ab 8.30 Uhr • Anfahrt mit KVB: Linie 6, 12, 15, 16, 17 bis Chlodwigplatz

## Krebbers Bewertung:

**Essen** ●●●●●●○○
Die drei beliebtesten Gerichte:
- Schnitzel mit hausgemachtem Kartoffelsalat 6,60 €
- Sülze, Bratkartoffeln und Salat 8,- €
- Rumpsteak mit Salat und Kartoffeln 14,90 €

**Trinken** ●●●●●●○○
- Kölsch 0,2 l  1,05 €
- Cola etc. 0,2 l  1,35 €
- Wasser 0,2 l  1,35 €
- Kaffee 1,40 €
- Wein 0,2 l  ab 2,60 €

**Service** ●●●●●●○○

**Ambiente** ●●●●●○○

# Goldmund

**Jedes Ding hat zwei Seiten:** en Kölle z. B. die rechte Rheinseite = Schäl und die linke Rheinseite = Tünnes. In Ehrenfeld zwei Straßen: links die Glasstraße, rechts die Stammstraße un op der Eck Goldmund, eigentlich »Narziss und Goldmund«, Literatur-Café und Lese-Restaurant. Im »Goldmund» treffen Bauch und Kopf aufeinander, und beide werden auch versorgt. Man kann inmitten von Büchern einen guten Wein trinken: Im Goldmund gibt's das Glas schon ab 2,80 €. Die Bücher kann man mitbringen und dann hier verkaufen. Oder man kann einfach nur in den Regalen stöbern, sein Lieblingsbuch finden und in Ruhe am Tisch lesen.

>> Ich bin gerne irgendwo ruhig, wo ich von Büchern umgeben bin, und natürlich von netten Menschen. <<

Auch die Speisekarte hat Buchformat, nur insgesamt weniger Seiten. Die Preise sind moderat, einige Softdrinks sind zu teuer, die Cola kostet 1,90 €.

>> Ja, die Bücher sind schön und der Pfannekuchen auch. <<

Den kann man sich hier schon ab 3,60 € schmecken lassen. Die Kürbiscremesuppe kostet 3,90 €, die Kartoffel-Gemüsepfanne 7,40 €. Die Küche ist abwechslungsreich, die Teller sind gut gefüllt: Linsengemüseeintopf mit Wurst für 4,50 €. Das teuerste Gericht: Hähnchenbrust à la tandoori mit Süßkartoffelgemüse und Minzdip ist für 9,90 € zu haben. Nahrung für Bauch und Kopf. Hier kann man schreiben, Bücher kaufen oder auch gegen Naturalien eintauschen.

>> Das Lokal ist wunderbar, schöne Einrichtung. <<

Und draußen vor der Tür – nicht Wolfgang Borchardt –, sondern ein Biergarten.

---

**Goldmund** 🍴 ☀️
50823 Köln, Ehrenfeld, Glasstr. 2 • Tel.: 0221/534 15 84
www.goldmundkoeln.de • Ö: Mo–Fr 8–1 Uhr, Sa/So 10–1 Uhr
Anfahrt mit KVB: Linie 3, 4 Venloerstr./Gürtel

## Krebbers Bewertung:

**Essen** ●●●●●●○
Die drei beliebtesten Gerichte:
• Kürbiscremesuppe mit frischem Ingwer 3,90 €
• Pfannkuchen ab 3,60 €
• Hähnchenbrust à la tandoori mit Süßkartoffelgemüse und Minzdip 9,90 €

**Trinken** ●●●●●●○
• Kölsch 0,2 l  1,30 €
• Cola etc. 0,2 l  1,90 €
• Wasser 0,2 l  1,30 €
• Kaffee 1,60 €
• Wein 0,2 l  ab 2,90 €

**Service** ●●●●●●○

**Ambiente** ●●●●●●●

# Haus Schwan

**Während Köln mal gerade 2000 Jährchen alt ist, hat Linden-thal locker 7000 Jahre auf dem Buckel.** 1929 wurden hier die Reste einer frühsteinzeitlichen Bandkeramiksiedlung gefunden.

Die Dürener Stroß es de Huh Stroß vun Lindenthal. Hier darf es auch schon mal ein bisschen mehr sein, ävver kölsch und lebendig es et doch.

Das Haus Schwan – benannt nach den weißen Tieren, die den Verkehr auf der Inneren Kanalstraße lahm legen, wenn sie zwischen Aachener Weiher und der Wirtschaft hin und her pendeln. Nicht nur Schwäne trinken gern hier Kölsch, für die Gäste es dat ehr Weet-schaff.

>> Hier ist einfach eine extrem gemütliche Atmosphäre, die man nur selten hier in der Gegend findet. <<

Ob Wein oder lecker Bierchen – et schmeck. Obwohl die Preisunterschiede zwischen Theke und Saal 10 Cent betragen: Kölsch 1,20 € vorn und 1,30 € hinge. Fröher wor dat Kölsch immer beim Zappes en der Schwemme billiger; aber nur noch wenige Kneipen wie der »Schwan« machen diesen Unterschied. Für die Lindenthaler spielt das nicht so eine Rolle, die übrigen Getränke sind okay im Preis.

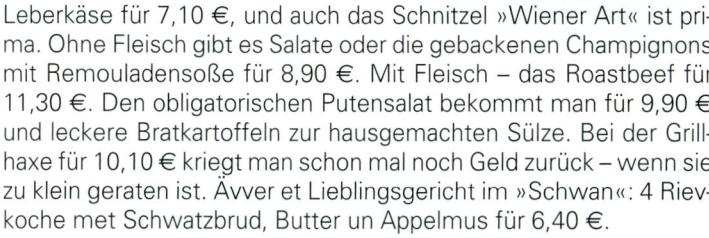

>> Man ist hier wie zu Hause, und man isst auch hier wie zu Hause. <<

Zo Hus schmeck et am beste, ävver hee schmeck et wie bei der Mamm: Leberkäse für 7,10 €, und auch das Schnitzel »Wiener Art« ist prima. Ohne Fleisch gibt es Salate oder die gebackenen Champignons mit Remouladensoße für 8,90 €. Mit Fleisch – das Roastbeef für 11,30 €. Den obligatorischen Putensalat bekommt man für 9,90 € und leckere Bratkartoffeln zur hausgemachten Sülze. Bei der Grillhaxe für 10,10 € kriegt man schon mal noch Geld zurück – wenn sie zu klein geraten ist. Ävver et Lieblingsgericht im »Schwan«: 4 Rievkoche met Schwatzbrud, Butter un Appelmus für 6,40 €.

>> Es ist richtig gemütlich, ein guter Service, und das Essen ist sehr gut. <<

*De Rievkoche sin e Gedicht, doch jedes andere Gericht,*
*kanns de ganz ohne Frog hee och verspeise,*
*nor Schwän gitt et nit – und Meise.*
*Doför av 01.11. Gans, god gebrode för Ühm un Panz.*
*Mein lieber Schwan, dat kütt god aan.*

## Haus Schwan ▲▲

50931 Köln, Lindenthal, Dürenerstr. 235 • Tel.: 0221/40 33 68 • www.haus-schwan.de
Ö: tägl. 11.30–1 Uhr, Küche Mo–Fr 11.30–14.30 Uhr, 17.30–22.30 Uhr, Sa/So durchgehend • Anfahrt mit KVB: Linie 7, 13 bis Dürenerstr./Gürtel

## Krebbers Bewertung:

**Essen** ●●●●●●○
Die drei beliebtesten Gerichte:
• 4 Rievkooche mit Appelmus, Schwarzbrot und Butter 6,40 €
• Speckpfannekuchen »Haus Schwan« und Salat 8,60 €
• Schweineschnitzel »Wiener Art« mit Fritten und gemischtem Salat 10,90 €

**Trinken** ●●●●●●○
• Kölsch 0,2 l  1,20 € (Saal 1,30 €)
• Cola etc. 0,3 l  2,- €
• Wasser 0,2 l  1,50 €
• Kaffee 1,50 €
• Wein 0,2 l  ab 3,50 €

**Service** ●●●●●●●

**Ambiente** ●●●●●●○

# Körner's

Hereinspaziert, hereinspaziert, zur größten Schau der Welt, hieß es im 19. Jahrhundert in Riehl. Das war im neu gegründeten Zoo mit Tiershows, Karussells, Sommertheater und Panoptikum. Riehl war das Vergnügungsviertel von Köln, genannt die »Goldene Ecke«. Das ist heute nicht mehr ganz so, aber die Stammheimer Straße ist die goldene Mitte von Riehl mit Läden, Geschäften und Kneipen. Und in der Nummer 100 findet man das Körner's – eine der Attraktionen von Riehl.

Das frisch gezapfte Kölsch wird von den Wirtsleuten Körner zum attraktiven Preis von 1,10 € die Stange verkauft.

» Wirtsleute supernett, Bedienung supernett, wir kommen immer gerne her, sehr gerne sogar. «

Diese traditionsreiche Kneipe in Riehl ist der Treffpunkt für die Generationen im Veedel.

>> En urgemötliche Kneipe, tirek am Zoo, mer kann gemödlich Kölsch drinke, e frisch Kölsch.<<

Die Speisekarte bietet ganz unterschiedliche Gerichte: Bärlauchravioli auf Serranoschinken für 7,50 € und Himmel un Ääd für 6,50 €.

>> Das lecker Kölsch, und das Essen ist wirklich super.<<

Gute Preise, gute Gerichte. Das Schweinerückensteak mit Champignons und Salat kostet nur 7,90 €. Neben den prima Salaten sind die Schnitzel sehr beliebt. Für die Kinder gibt es das kleine mit Fritten, für die Großen Schnitzel »Tessiner Art« mit Tomaten, Schinken und Käsesoße überbacken oder »Florentiner Art« mit Spinat, beide für 9,50 €.

>> Und das Essen ist einfach, mhmm.<<

Gutes und preiswertes Essen und Trinken hat hier Tradition. Schon 1874 öffnete der »Alte Stammheimer Hof«, das war die neue Kneipe für Riehl. Daraus wurde die Gaststätte Rörig, bis 1998. Und jetzt gibt's das Körner's.

Der Wirt mit diesem Namen ist der Sohn des berühmten Peter René, ja, der in den 1960er Jahren im WDR-Fernsehen mit dem Kasper in Prag, Helsinki und Tokio war. Der Sänger, Schauspieler – und Sprecher in vielen Durbridge-Hörspielen. Peter René Körner hatte die Stimme mit dem Kiekser, unverwechselbar, und genauso ist auch die Kneipe seines Sohnes.

## Körner's

50735 Köln, Riehl, Stammheimerstr. 100 • Tel.: 0221/976 33 30
Ö: Di/Do/Fr/So 16–1 Uhr, Mi/Sa 11–1 Uhr, Mo Ruhetag • Anfahrt mit KVB: Linie 18, 19 bis Zoo/Flora oder Boltensternstr., Bus 134 bis Riehler Gürtel

## Krebbers Bewertung:

**Essen** ●●●●●●○
Die drei beliebtesten Gerichte:
- Rindfleischsalat mit roten Zwiebeln, Kapern, Kürbiskernöl und Brot 6,70 €
- Bärlauchravioli in Pfefferbutter auf Serranoschinken 7,10 €
- Schnitzel mit Tomaten, Schinken und Käsesoße überbacken 9,50 €

**Trinken** ●●●●●●●
- Kölsch 0,2 l  1,10 €
- Cola etc. 0,2 l  1,30 €
- Wasser 0,2 l  1,30 €
- Kaffee 1,30 €
- Wein 0,2 l  ab 2,50 €

**Service** ●●●●●●●

**Ambiente** ●●●●●●○

# Lemmy

**Im Schatten von Heizkraftwerk und Wasserwerk-Severin 2,** am Zugweg, der zentralen Versorgung für die Südstadt, finden wir in Richtung Osten eine weitere zentrale Versorgungsstelle. Das Lemmy, Ecke Ohmstraße/Rolandstraße. Ist das eine Hommage an den Geheimagenten Lemmy Caution? Den hat nämlich der coole Eddie Constantin gespielt. Oder handelt es sich um die Würdigung von Lemmy Kilmister, Frontmann der lautesten Band der Welt, Motörhead?! Auf jeden Fall schmeck et Kölsch em Lemmy. Drinnen ist die Einrichtung sehr stimmungsvoll und gemütlich, draußen sitzen die Kölschen bei gutem Rotwein – ab 3,40 € das 0,2 l Glas – und natürlich bei ihrem Lieblingsgetränk. Wasser und Cola kosten 1,20 € und 1,60 €, und der Kaffee ist mit 1,50 € auch so preiswert wie die anderen Getränke.

>> Ich hab oft Sonderwünsche, und das ist nie ein Problem. <<

Das Mittagsmenü mit Vorspeise und einem Getränk nach Wahl wird für sensationelle 7,80 € angeboten: Und das sind nicht nur Pfifferlinge mit Spaghettini, sondern auch Confit von der Entenkeule. Der Spanferkelrücken mit Rosmarinsauce, Gemüse und Kartoffeln ist ein Gedicht und mit 12,50 € schon eines der teureren Gerichte auf der Karte.

>> Das Essen ist ausgezeichnet, und er bietet mir
   ordentliche Rotweine zum günstigen Preis an. <<

Fisch gibt es in allen Variationen; als Lachssteak mediterraner Art kommt es aus dem Backofen für 13,50 €. Bratkartoffeln mit Ei sind auch zu haben – die Kinderportion für 2,- €.

>> Sie reagieren sehr flexibel, insbesondere auf die
   Wünsche der Kinder. <<

So ansprechend und offen ist der gesamte Laden. Lemmy erinnert mich auch an »Lemmy und die Schmöker«, die Kindersendung der 1970er Jahre im WDR. Da sollte ein Bücherwurm den Kindern das Lesen beibringen. Hier soll »Lemmy« die Genießer zum Essen und Trinken anregen.

>> Nicht das Lokal der Woche, das Lokal des Jahres. <<

Lemmy von Motörhead tut alles nur als Minimalist, ob genießen oder spielen: »Eh, ein Gitarrenriff sollte nicht länger dauern als das Öffnen einer Flasche Bier.« Prost!

>> Ist einfach urgemütlich hier, und es liegt gut, mitten
   im Leben, in der Südstadt. <<

---

## Lemmy ☼
50677 Köln, Südstadt, Rolandstr.9 • Tel.: 0221/38 63 67 • www.lemmy-koeln.de
Ö: Mo–Sa 11–1 Uhr, So 10–1 Uhr • Anfahrt mit KVB: Linie 106, 132, 133 bis Rolandstr.

## Krebbers Bewertung:

### Essen ●●●●●●●
Die drei beliebtesten Gerichte:
• Mittagsmenü (inkl. 1 Getränk) 7,80 €
• Penne mit Putenbrust in Spinat-Tandoori-sauce 8,90 €
• Rumpsteak (230 g) mit vielen Beilagen 13,50 €

### Trinken ●●●●●●●
• Kölsch 0,2 l  1,25 €
• Cola etc. 0,2 l  1,60 €
• Wasser 0,2 l  1,20 €
• Kaffee 1,50 €
• Wein 0,2 l  ab 3,40

### Service ●●●●●●●

### Ambiente ●●●●●●●

# Marktschänke Knippschild

**Mit der Bahn in den Osten jöcke, noh Dellbrück.** Nit Brück, och nit Neubrück, nä Dellbrück. Das heißt Talbrücke – die kleine Brücke über den Strundener Bach vielleicht?

Am Markt gitt et die Marktschänke. Hier fliegen die UHU`s ein und aus. Die Karnevalsgesellschaft von 1924 hat hier ihr Stammlokal. Jo, dat sin die mit dem Boore-Schnäuzerballett, die tanzenden bärtigen Landmänner. Und nicht nur die mögen das Kölsch direkt aus dem Fass, für 1,10 € die Stange. Schon seit den 1950er Jahren gehen die Dellbrücker gern hierhin.

≫ Das Besondere ist, dass das hier sehr generationenübergreifend ist. Das Publikum ist sehr nett, die Wirtsleute sind sehr nett, karnevalsorientiert. ≪

Die Marktschänke Knippschild ist nicht nur bekannt für ihr leckeres Bier, auch Weinliebhaber kommen hier für 2,10 € das 0,2 l Glas voll auf ihre Kosten. Im äußersten Osten von Köln ist diese Kneipe Treffpunkt und Wohnzimmer für alle.

≫ Das ist einfach ne Kultkneipe hier für uns. ≪

God sin och die Frikadelle für nor 1,10 €, die anderen Kleinigkeiten und der wunderbare Halve Hahn für 3,- €. Hier trifft man sich auf ein paar Kölsch, oder es gibt ein üppiges Abendmahl zu einem wirklich guten Preis.

≫ Das Ambiente stimmt, gute Küche, ist alles o.k. ≪

Das Schlemmersteak kostet mit Bratkartoffeln und Salat 10,- €, das Zigeunerschnitzel 9,- €. Die Jüngeren essen gern die absolut leckeren Fritten rud-wieß für 3,60 €. Und die Erbsensuppe mit Mettwurst für 4,50 € ist ein Gedicht.

» *Jo, wie der Kölsche säht, einfach god.* «

Et gitt in Dellbrück eine Wirtschaftsdynastie. Was die Krupps in Essen sind die Knippschilds im Trinken. Die Schwester des hiesigen Wirts residiert im Knippschilds am S-Bahnhof Dellbrück. Dat es et Werk 1. Und an der Straßenbahnhaltestelle liegt das andere Knippschild: Werk 2. Kölsch trinken kann richtig harte Arbeit sein, und damit man noch weiß, wo man abgeholt werden will – merke: Werk 2!

## Marktschänke Knippschild ☀

51069 Köln, Dellbrück, An der Kemperwiese 4 • Tel.: 0221/68 44 26
Ö: Mo–Fr ab 10.30 Uhr, Sa 10.30–14 Uhr, ab 18 Uhr, So Ruhetag
Anfahrt mit KVB: Linie 3, 18 bis Dellbrück Hauptstr.

### Krebbers Bewertung:

**Essen** ●●●●●●●○

Die drei beliebtesten Gerichte:
- Toast Werk 2 9,- €
- Krüstchen: Salatteller mit Schnitzel und Spiegelei 9,- €
- Jägerschnitzel mit Bratkartoffeln oder Fritten 9,- €

**Trinken** ●●●●●●○○
- Kölsch 0,2 l  1,10 €
- Cola etc. 0,2 l  1,40 €
- Wasser 0,25 l  1,40 €
- Kaffee 1,40 €
- Wein 0,2 l  ab 2,10 €

**Service** ●●●●●●●○

**Ambiente** ●●●●○○○○

# meer sehen

**Das Meer an der Wand:** Filme unter und über Wasser werden mit einem Videobeamer projiziert, zum Gucken und Entspannen. Hintenraus geht's in den lauschigen, fast mediterranen Biergarten.

>> Man vermutet ja nicht, dass es in Ehrenfeld so was Schönes gibt, so 'nen Innenhof hier, da hat man lange abends Sonne. <<

Zum kühlen Weizenbier – 3,- € das Glas – treffen sich die Ehrenfelder oder auch zum Kölsch, 0,3 l für 2,- €. Die Softdrinks könnten ein bisschen günstiger sein, aber es gibt draußen auch kleine Kölsch für 1,30 €. Eigentlich noch ein paar Cents zu teuer für das Lieblingsgetränk, aber dafür kommt der Wein im 0,2 l Glas ab 3,- € auf den Tisch.

Kinder werden hier wunderbar mit ihren Lieblingsgerichten versorgt, dazu gibt's selbst gemachte Dips. Und zur Portion Wedges für 2,80 € kommt noch ein kleiner Salat für 3,50 €.

>> Das Essen ist gut, die Atmosphäre ist gut, die Leute sind klasse, für Ehrenfeld genau das Richtige. <<

Die große Auswahl an Tapas findet nicht nur an warmen Tagen Anklang. Fisch, wie das Thunfischsteak, wird mit Rucola-Süßkartoffelpüree und Wasabigurken für 14,80 € serviert, aber auch die übrigen Gerichte – z. B. das Rinderhüftsteak mit Beilagen für 13,80 € – sind lecker, gut und nicht zu teuer. Zwischen deftig und exotisch kann man wählen und – es schmeckt.

>> Also ich find toll, dass man von außen gar nicht denkt, dass hier hinten noch so ein kleiner, lauschiger Biergarten ist, und dann kommt man hier rein, und auf einmal ist 'ne kleine Oase da. <<

Ich han et Meer gesinn. Kein Wunder, vor 1000 Jahren noch schwappte der Rhein weit in die Kölner Bucht. Un hee om Ihrefeld steiht immer noch ene Leuchtturm, der Heliosturm. Un wäm dat alles zo winnig Meer es, mer han doch e wundervoll Kölsch Meer. Über eine Milliarde Kölschstangen werden jedes Jahr leer getrunken. Da kann man doch in einem schönen Biergarten wie diesem Urlaub machen und in lecker Kölsch baden.

## meer sehen ☼ 🍴

50823 Köln, Ehrenfeld, Philippstr. 1 • Tel.: 0221/992 3149
www.meersehenkoeln.de • Ö: tägl. ab 17 Uhr • Anfahrt mit KVB: Linie 3, 4 bis Körnerstr.

## Krebbers Bewertung:

### Essen ●●●●●●○
Die drei beliebtesten Gerichte:
• Frühlingssalat mit warmem Ziegenkäse 8,- €
• Penne mit Orangenhühnchen 8,20 €
• Rinderhüftsteak mit Kartöffelchen und Speckbohnen 13,80 €

### Trinken ●●●●●●○
• Kölsch 0,2 l  1,30 €
• Cola etc. 0,2 l  1,40 €
• Wasser 0,25 l  1,30 €
• Kaffee 1,60 €
• Wein 0,2 l  ab 3,- €

### Service ●●●●●●●

### Ambiente ●●●●●●●

# Nordlicht

**Eigentlich gitt et immer 'ne Grund för ze drinke, ävver der Kölsche will jo nit als Suffkrad dostonn.** Dröm säht der Tünnes: »Ich kann och ohne Alkohol.« Met däm jode Vürsatz schnurstracks an der Kneip vörbei, ohne noch schnell einen zu heben. »Dat häs de god gemaht«, säht do der Tünnes för sich, »dodrop muss de eine drinke«. Und so handelt der Kölner nach dem labyrinthischen Prinzip: gradus, de Eck eröm. Das Kölsch für 1,20 €, der Wein 0,2 l ab 3,20 € – da prosten doch gerne Kölsche und Imis im Nordlicht, dem ehemaligen Weinhaus Theis. Aber es gibt nicht nur die Stange Kölsch, das kleine Reissdorf-Pinnchen wird eiskalt gefüllt mit 'nem lecker Körnchen. An der Wand hängt Nippes auf Leinwand, der Maler ist Stammgast hier.

» Is 'ne gemütliche Kneipe, man kommt hier gerne hin, und man wird familiär behandelt. Dass man sich hinsetzen kann, schön erzählen kann, der Wirt hat immer ein offenes Ohr, und das Essen ist auch gut. «

Schön zart ist die Malzhaxe in Dunkelbiersoße mit warmem Speckkartoffelsalat (10,80 €). Die Gulaschzupp für 5,- € macht richtig satt, und die Hefeteigfladen – auch als mexikanische Variante – sind beliebte Spezialität. Neben den Speisen aus der kölschen und bürgerlichen Küche – der Tafelspitz in Meerrettichsoße kostet 9,50 € – werden auch asiatische Gerichte serviert. Das im Wok zubereitete Chiligeflügel mit grünem Curry kommt für 11,20 € auf den Tisch. Für größere Feiern gibt es ein schönes Sälchen im Obergeschoss.

>> Der Service, immer ein Lächeln auf den Lippen und immer charmant. <<

Nippes trifft hier auf Köln, obwohl Nippes für die Kölner schon seit Jahrhunderten Ausland ist. Im 17. Jahrhundert verbot der Rat der Stadt Köln seinen Bürgern, sich im Ausland, in Nippes, zu besaufen, wegen des »dollen Biers«. Das war das stärkere, untergärige, während der Kölner das leichtere, obergärige gewöhnt war. Ne rösige Kopp vum »dollen Bier« kritt mer hee ävver nit em Nordlicht. Hier trinken mittlerweile alle obergäriges Kölsch. Prost!

>> Kölsch god, Esse god, Atmosphäre god, Weet god. <<

**Nordlicht**
50733 Köln, Nippes, Nordstr. 68 • Tel.: 0221/760 18 98 • www.nordlicht-nippes.de
Ö: tägl. 18–1 Uhr • Anfahrt mit KVB: Linie 6, 12, 13, 15 bis Neusserstr./Gürtel

## Krebbers Bewertung:

**Essen** ●●●●●●○

Die drei beliebtesten Gerichte:
- Vegetarischer Hefefladen mit Rucola und Ricottakäse 8,- €
- Chiligeflügel mit grünem Curry im Wok 11,20 €
- Rinderfilet Madagaskar mit Pfeffersoße und Pommes frites 14,80 €

**Trinken** ●●●●●●○
- Kölsch 0,2 l  1,20 €
- Cola etc. 0,3 l  1,80 €
- Wasser 0,3 l  1,80 €
- Kaffee 1,60 €
- Wein 0,2 l  ab 3,20 €

**Service** ●●●●●●○

**Ambiente** ●●●●●●○

# Rather Hof

**Ich geb Ihnen den guten Rat, kommen Sie nach Rath.** Obwohl der Name vom Roden kommt, denn vor Hunderten von Jahren musste ein Teil des Königsforsts dem »rodde«, dem neuen Rath weichen. Grün ist Rath aber trotzdem noch, das beweist die erste Kneipe vor Ort. Weinumrankt und rankenumschlungen präsentiert sich der Biergarten im Rather Hof. Am frühen Abend freuen sich die Gäste auf die Ruhe und die leckeren Gerichte von der Bratwurst spezial bis zum hausgemachten Schnitzel mit Beilagen nach Wahl. 5,50 € für die Bratwurst, 8,50 € fürs Schnitzel sind angenehm niedrige Preise für prima Gerichte.

>> Wir kommen auch fast jeden Abend hier hin, und das ist einfach superurig hier. <<

Nach 20 Uhr kommen die jungen Leute aus dem Ort in die Nachbarschaftskneipe. Mittlerweile muss die Bedienung im immer schnelleren Rhythmus die Getränke servieren. Und natürlich gibt's das Kölsch draußen in der kleinen Stange – zum Vorzugspreis von 1,20 €. Die nichtalkoholischen Getränke kosten lobenswerterweise genau so viel. Und den halben Liter Weizen vom Fass bekommt man für günstige 3,- €. Da kann man sich doch schön in den Abend hinein trinken.

>> Man sitzt hier auch wirklich in entspannter, gelöster Atmosphäre, vor allem auch mit 'nem netten Publikum. <<

Der Rather Hof ist der kleine, kulturelle Mittelpunkt im Veedel. Irgendwann werden die Tage auch mal kürzer, und dann kann man in dieser Feld-, Wald- und Wiesenkneipe nach drinnen ausweichen. Denn hier ist es auch ganz angenehm, und außerdem gibt es dann immer donnerstags Live-Musik von ganz unterschiedlichen Bands.

>> Leute in meinem Alter, auch ältere Leute, das mag ich gerne, und ich esse wahnsinnig gerne hier, und drinnen hör ich gern Musik hier. <<

## Rather Hof ☀
51107 Köln, Rath, Rösratherstr. 676 • Tel.: 0221/86 45 47 • www.ratherhof.de
Ö: tägl. ab 18 Uhr • Anfahrt mit KVB: Linie 9 bis Roettgensweg

## Krebbers Bewertung:
**Essen** ●●●●●●○

Die drei beliebtesten Gerichte:
• Bratwurst spezial mit Fritten 5,50 €
• Salat mit Putenbrust in Sahnesoße 8,- €
• Schnitzel mit Beilagen nach Wahl 8,50 €

**Trinken** ●●●●●●●
• Kölsch 0,2l  1,20 €
• Cola etc. 0,2l  1,20 €
• Wasser 0,2l  1,20 €
• Kaffee 1,80 €
• Wein 0,2l  ab 3,- €

**Service** ●●●●●●●

**Ambiente** ●●●●●●○

# Sion em Keldenich

**Kreuzung Zülpicherstraße/Weyertal:** Von hier aus ging es früher ins Vürgebirg, noh Meschenich un Mechernich, Fischenich, Kendenich un Keldenich. Und auf dem Rückweg ist aus Keldenich die Familie Keldenich hier hängen geblieben und hat die 1898 gegründete Destillerie – die Erste Sülzer Dampf- und Kornbrennerei – von Hermann Ohrem übernommen. Aus der Brennerei wurde eine Kneipe im Uni-Viertel – et Keldenich, mit Kölsch und kölscher Küche.

≫ Schöne alte Tradition, im Brauhausstil aufgemacht, finde ich gut. ≪

Heute wird nicht mehr selbst gebrannt, man bekommt aber immer noch leckere Likörchen und edle Brände. Z. B. dä »Kölsche Klüngel«, ein Pfirsichlikör, 18 %. Es gibt ja guten und bösen Klüngel, dat is eindeutig guter Kölscher Klüngel.

≫ Dat es richtig kölsch hee. ≪

Die Bedienung zapft und bringt dat Kölsch in Rekordzeit: schön kalt, süffig und zum Veedelspreis von 1,20 €. Und dazu gibt's ene Halve Hahn für 3,50 € oder – sensationell – die Frikadelle für nur 1,- €. Dafür sind manche Hauptgerichte zu teuer: z. B. der schmackhafte Braumeisterteller für 12,50 €, aber für die großzügige Portion Spareribs muss man nur 10,- € bezahlen. Und der Brauhaussalatteller mit

Rievkoche und Roastbeef sieht nicht nur lecker aus. Täglich gibt es eine Auswahl an günstigen Tagesgerichten in dieser beliebten Kneipe.

>> Das ist supergemütlich hier, und supernette Bedienung, und supergutes Essen. <<

Wenn ich jetzt dem Köbes zurufe »Hunger«, mööt hä eigentlich zoröckrofe: »Leck Salz, dann kriss de Doosch«. Aber hier nicht, hier bedienen nette Mädels, nur wie heißt denn der weibliche Köbes? Jakoba? Jakobine? Jaqueline? Köbes ist ja kein geschlechtsspezifischer Vorname, sondern eine Berufsbezeichnung. Und so heißen auch hier die weiblichen Köbesse Köbes oder für mich einfach »Bea! Christine! Suni! – noch e Kölsch«.

>> Das ist eben die richtig kölsche Kneipe, wo man hinterher auf den Tischen tanzt. <<

## Sion em Keldenich ☼ ▲▲
50937 Köln, Sülz, Weyertal 47 • Tel.: 0221/44 46 04
www.sion-em-keldenich.sportkneipe.de • Ö: Mo–Fr 16–1 Uhr, Sa/So 11–1Uhr
Anfahrt mit KVB: Linie 9 bis Weyertal

### Krebbers Bewertung:
**Essen** ●●●●●●○○
Die drei beliebtesten Gerichte:
• Schnitzel mit Beilagen ab 8,50 €
• Frische Haxe 9,80 €
• Braumeisterteller 12,50 €

**Trinken** ●●●●●●○
• Kölsch 0,2 l  1,20 €
• Cola etc. 0,2 l  1,70 €
• Wasser 0,25 l  1,70 €
• Kaffee 1,70 €
• Wein 0,2 l  ab 3,30 €

**Service** ●●●●●●○

**Ambiente** ●●●●●○●

# Sürther Bootshaus

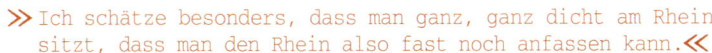

**Ich hab ein Boot gekapert, hab dem Käptn viel Ruhm und viel Geld versprochen.** Kann ich natürlich nicht halten, das mit dem Ruhm. Jetzt bringt er mich über den Jordan, äh, Rhein. »Ich bin dä Künning von Sürth.« Das Sürther Bootshaus ist unser Ziel. Nä, wat es dat schön! Hundstage an der kölschen Riviera. Wann de Sonn schön schingk, ist das Bootshaus am Sürther Leinpfad nicht nur für Freizeitkapitäne interessant.

» Ich schätze besonders, dass man ganz, ganz dicht am Rhein sitzt, dass man den Rhein also fast noch anfassen kann. «

Der kühle Rhein und das kalte Kölsch, leider draußen nur in 0,3 l Gläsern zu 1,90 €, dat es ald wie »nur Kännchen op der Terrass«.

Stolze Schiffe fahren der Rhing erav, und wenn sich dann der Hunger breit macht, kommen relativ schnell die Gerichte auf den Tisch. Calamares zu 8,50 € und das Rumpsteak mit vielen Beilagen für 14,50 € liegen gut im Preis. Und die Portionen sind üppig, aber manchmal etwas zu deftig. Wer zu den Fritten noch Salat bestellt, kann hier kaum eine Abmagerungskur machen. Die Gäste lieben ihr Bootshaus.

» Wenn man so schön en de Sonn rausguckt, deit doch alles god. «

Wer für mindestens 10 000,- € hier verzehrt hat, kann sich nach Hause tragen lassen. Wenn's bei 'ner kleineren Rechnung bleibt, geht's über den Sürther Leinpfad zu Fuß, per Rad, mit Auto, Bahn oder Bus noh Huss, und die schöne Erinnerung bleibt.

» Man sitzt hier abends 'ne Stunde und hat das Gefühl, man ist einen Tag in Urlaub gewesen. «

## Sürther Bootshaus ☀

50999 Köln, Sürth, Sürther Leinpfad/Höhe Ernst-Volland-Str. • Tel.: 02236/697 03
www.suertherbootshaus.de • Ö: Mo–Sa 11–23 Uhr, So 10–23 Uhr
Anfahrt mit KVB: Linie 130, 131 bis Ernst-Volland-Str.

## Krebbers Bewertung:

**Essen** ●●●●●●○○
Die drei beliebtesten Gerichte:
• 3 Rievkooche überbacken mit Salat 8,- €
• 2 Mini-Schweinshaxen mit großem, gemischtem Salat 10,50 €
• Salat »Provence« mit gebratener Putenbrust 8,50 €

**Trinken** ●●●●●●○○
• Kölsch 0,2 l 1,20 €/0,3 l 1,90 €
• Cola etc. 0,3 l 1,90 €
• Wasser 0,3 l 1,90 €
• Kaffee 2,10 €
• Wein 0,2 l 3,10 €

**Service** ●●●●●●○

**Ambiente** ●●●●●○○

# Tischlein deck dich

**Es war einmal: … Kreuzung Schartgasse, Schemmergasse, Großer Griechenmarkt.** De Dörpstroß medden en Kölle. Es war einmal: … die Straßen der Wollkratzer und Tuchscherer. Es war einmal: … de Rievkoocheallee vun Kölle, durch et Finster op der Stroß Rievkoocheverkauf, nä, nit mih. Es war einmal! Dafür wird jetzt Ecke Kleiner und Großer Griechenmarkt jeden Tag der Tisch gedeckt. »Tischlein deck dich«. Op dem Desch steiht de Zupp för en klein Feier. Die Gulaschsuppe hier ist berühmt, aber auch das kleine, kalte, kölsche Büffet. Die Karte umfasst eine übersichtliche Anzahl von Gerichten: Hähnchenbrust mit Mandeln (8,50 €) und Leberkäse mit Bratkartoffeln (6,50 €). Das Kotelett à la Meyer mit Ei kostet 7,70 €, ein Rinderfilet mit allem Drum und Dran 16,50 €. Schnell an der Theke serviert: Gulasch met Äädäppele.

>> Man kriegt immer was Leckeres
zu Essen, es schmeckt sehr
gut, und es ist sehr gemütlich
hier. <<

Die kleinen und großen Speisen schmecken klasse und sind billig in dieser kölschen Weetschaff: prima Frikadellen, dazu e lecker Kölsch vom Fass für nur 1,- €.

>> Et es klein, gemödlich, immer
jet loss, jo, un et Bier
schmeck un es billig. <<

Und ob Weintrinker oder Kölschgenießer: Alle kommen hier wirklich auf ihre Kosten.

>> Kölsch stimmt, die Gäste stimmen, der Wirt stimmt, und dat
es för uns maßgebend. <<

Es Tischlein deck dich es en prima Veedelskneip, ävver och Gäss us der ganze Stadt kommen zum Essen und Trinken.

>> Es ist das schönste Lokal im
Veedel, verbindlich, freundlich, unkompliziert, nett, und
immer, ja, so ein bisschen wie
Urlaub. <<

## Tischlein deck dich ▲▲

50676 Köln, Innenstadt, Kleiner Griechenmarkt 49 • Tel.: 0221/272 27 07
Ö: So–Fr 11–24 Uhr, Sa 16–24 Uhr, Mo Ruhetag (nur März bis Oktober)
Anfahrt mit KVB: Linie 3, 4, 16, 18, 19 bis Poststr.

### Krebbers Bewertung:

### Essen ●●●●●●○
Die drei beliebtesten Gerichte:
• Kotelett mit Röstzwiebeln, Speck, Kräuterbutter, Fritten und Salat 7,50 €
• Rheinischer Sauerbraten mit Apfelkompott und hausgemachten Kartoffelklößen 9,20 €
• Tischlein-deck-dich-Topf mit Schweinemedaillons, Rinderfilet, Gemüse, Sauce hollandaise und Bratkartoffeln 10,20 €

### Trinken ●●●●●●●
• Kölsch 0,2 l  1,- €
• Cola etc. 0,2 l  1,50 €
• Wasser 0,25 l  1,40 €
• Kaffee 1,50 €
• Wein 0,25 l  ab 3,70 €

### Service ●●●●●●●

### Ambiente ●●●●●○○

# Weißer Holunder

**Im Blickfeld liegen die Kuppel von St. Gereon, der Colonius und der Weiße Holunder.** 1951 drohte das Dekagon, die zehneckige Kuppel von St. Gereon, einzustürzen, wurde aber gerettet und wundervoll restauriert. 1981 wurde der fast 250 m hohe Colonius eingeweiht. Das Turmrestaurant steht aber schon seit Jahren leer, und der Colonius ist nur noch ein Sendemast. 2006 finden wir hier noch den Weißen Holunder – die 1950er Jahre leben. Stilecht wie das Wohnzimmer meiner Großtante Erna – so die Einrichtung im Weißen Holunder. Und obendrauf gibt's da noch die vielen Werbeschilder und Plakate und das Glanzstück, die Rock-Ola-Box. Zu Rock'n'Roll, Schlager und Bier treffen sich hier die Menschen us dem Veedel, Gäss us Kölle sind natürlich willkommen.

>> Es ist irgendwie ein Lokal, wo jeder rein passt und rein gehen kann. <<

Hier hat man das Kölsch, frisch aus dem Pittermännchen, und den Tratsch und Klatsch von Jung und Alt. Die Cola kommt stilecht in der Flasche und zum Abtrinken – von Escorial grün bis zum Ratzeputz kann man Liköre und Schnäpse der 1950er bestellen.

>> Ich gehe hier gerne rein, weil se alle so bekloppt sind wie ich, ne. <<

Wirt Karl Schießberg hat Theke und Gastraum fest im Griff und serviert das Holunder-Menü. Die drei beliebtesten Gerichte hier: Einmal haben wir die Bockwurst mit Kartoffelsalat, der ist aber selbst gemacht und sehr lecker. Da ha' mer Halven Hahn, wunderbar, und das Dritte ist eigentlich der Eintopf, der ist aber manchmal aus.

>> Ist einfach 'ne alt eingesessene Kneipe mit richtig
   guten Leuten, und hier wird alles akzeptiert.<<

Vom Nieren- zum Billardtisch: Im Hinterzimmer frönt man dem Pool-
billard, und natürlich spielen die Stammgäste auch mit der großen
Kugel in der Thekenmannschaft »Fußballwunder Weißer Holunder«.
Und deren Dopingmittel gibt's in der Kneipe: Holunder-Aufgesetz-
ter. Sonntagsmorgens ist das große Holunderfrühstück im Angebot.
Das besteht aber nicht aus Schnaps. Den Preis dafür können die
Gäste selbst bestimmen.

   Im Charme der 1950er ein Treffpunkt für Gäste zwischen 18
und 80.

>> Das Besondere für mich ist, dass hier Menschen verkehren
   und keine Einheitsfiguren, sondern wirklich alle wirklich echte Figuren.<<

## Weißer Holunder
50672 Köln, Innenstadt, Gladbacherstr. 48 • Tel.: 0221/51 34 75 • Ö: Mo–Fr
ab 16 Uhr, Sa ab 15 Uhr, So 11–19 Uhr • Anfahrt mit KVB: Linie 6, 12, 15 bis
Christophstr.

**Krebbers Bewertung:**

**Essen** ●●●●●○○
Die drei beliebtesten Gerichte:
• Bockwurst mit Brot 2,60 € oder Kartoffel-
  salat 4,20 €
• Halve Hahn 3,20 €
• Eintopf 3,- €

**Trinken** ●●●●●○●
• Kölsch 0,2 l  1,30 €
• Cola etc. 0,2 l  1,30 €
• Schnäpse und Liköre 2 cl von 1,50 €
  bis 4,- €

**Service** ●●●●●●●

**Ambiente** ●●●●●●●

# Zur alten Zollgrenze

**Es ist eines der ältesten Wirtshäuser in Köln und das älteste erhaltene Gebäude in Weidenpesch: seit 1698 gibt's die Alte Zollgrenze.** Hier haben Düsseldorfer vergeblich versucht, altes Bier nach Köln zu schmuggeln. Mer hät se durchlooße solle, denn nix es esu unnötz, dat et nit noch för e schlääch Beispill deene kann. Seit 1889 wird hee em Veedel gerannt. Die Pferde der Weidenpescher Rennbahn konnten sich vor der Tür an der Tränke »besaufen«, und die Jockeys kamen sich an der Theke janz jroß vor. So schön niedrig sind die Decken hier.

Zo jeder Johreszigg schmeck dä Kölsche et Kölsch, besunders wann et fresch us dem Fass kütt un nor 1,10 € koss.

» Nette Bedienung, netter Wirt. «

Im 18. Jahrhundert wurde in den Kellergewölben der Alten Zollgrenze Bier gebraut und Fuhrmannskorn gebrannt. Kölsche Lebensart, die Imis und Besucher usem Veedel anzieht.

» Ja, jahrelang schon bekannt, und da geht man dann gerne hin. Weil et so kölsch und urig ist, und et Essen schmeckt lecker. «

Und dazu tragen die vielfältigen und ganz unterschiedlichen Gerichte aus der Küche bei: Lammrückenfilet mit Bratkartoffeln und Salat

(15,40 €) oder das Bierbrauerschnitzel mit Flönz, Speck und Bratkartoffeln (11,50 €). Die Muscheln rheinisch kosten 10,25 €, oder probieren Sie mal die exklusive Variante mit Shrimps für 13,50 €. Wilde Zeiten mit Hirschgulasch, Pilzen und Klößen (12,50 €) oder en god gebrode Gans, ein Viertel mit allem Drum und Dran (16,50 €). Exotisch kommt der Steinbutt mit mediterranem Jemös für 14,- € daher. Do ka' mer gemödlich esse un drinke en historischem Gemäuer.

>> Die Gemütlichkeit, das Essen ist in Ordnung, Kölsch lecker, frisch, wir mögen's hier gerne. Weil hee och noch Kölsch gesproche weed. <<

20 Johr woren de französische Zaldate hee an der Zollgrenze. Der Chef selber, Napoleon, war 1813 in dieser Kneipe, als er vom Russlandfeldzug zurückkehrte. Er hat sich bewirten lassen, mit Konkommerschlot, Schavu un Ragout – gut bürgerlich, keine Fisematenten – und dazu ein Pils bestellt. Do nohm der Köbes tirektemang e Glas Kölsch, schöddelte et eimol god durch: »Hee häs de di Pils, Napoleon, Pross.«

---

## Zur alten Zollgrenze
50737 Köln, Weidenpesch, Neusserstr. 549 • Tel.: 0221/74 83 43 • Öffnungszeiten: Sa/So 11–14 Uhr, Mi–Mo 17–1 Uhr, Di Ruhetag • Anfahrt mit KVB: Linie 6, 12, 15 bis Scheibenstr.

## Krebbers Bewertung:

**Essen** ●●●●●●○

Die drei beliebtesten Gerichte:
- Grünkohl untereinander mit Mettwurst 6,50 €
- Hirschgulasch mit Klößen, Pilzen und Preiselbeeren 12,50 €
- ¼ Gans mit Rotkohl, Klößen und gebratenem Apfel 16,50 €

**Trinken** ●●●●●●●
- Kölsch 0,2 l  1,10 €
- Cola etc. 0,2 l  1,30 €
- Wasser 0,2 l  1,50 €
- Kaffee 1,55 €
- Wein 0,2 l  ab 3,10 €

**Service** ●●●●●●●

**Ambiente** ●●●●●●○

# Alphabetisches Register

# Stadtteilregister

## Klettenberg
Eckstein 188f.

## Königsforst
Waldhaus Königsforst 178f.

## Kunibätsveedel
Lobby Restaurant 162f.
Max Stark 110f.

## Kwartier Lateng
Habibi 76f.
Weinstube Bacchus 182f.

## Lindenthal
Café Hirsch 34f.
Haus Schwan 196f.

## Merheim
Brauhaus Goldener Pflug
102f.

## Mühlheim
Café Vreiheit 17
PFAUS 01 19
Scampino 170f.

## Nippes
Biergarten Schillplatz
32f.
Eiscafé Engeln 18
Gernot's 32f.
Morio 32f.
Nordlicht 206f.
ViertelBar 144f.
Viertelküche 174f.

## Nordstadt
Frisch 52f.
Lapidarium 136f.

## Rath
Rather Hof 208

## Riehl
Körner's 198f.
Schwimmbad 40f.

## Rodenkirchen
Fährhaus 156f.
Walterscheidt's 180f.

## Südstadt
Alteburg 26f.
Caminetto 74f.
Fertig 158f.
Fiffi-Bar 132f.
Lemmy 200f.
Roland Eck 168f.

## Sülz
Berrenrather Hof 72f.
Em Birkebäumche 36f.
Ha-Long-Bucht 78f.
Pablo 90f.
Sion em Keldenich 209f.

## Sürth
Sürther Bootshaus 210

## Vringsveedel
Früh em Veedel 192f.
Gaffelstube 194f
Torburg 118f.
Toscanini 92f.
Turista Süd 94f.
Wirtz 122f.

## Weidenpesch
Zur alten Zollgrenze 216f.

## Zündorf
Zum Scheurer 124f.

## Bildnachweis

Loehrer, Boris: S. 10f., 14, 18, 32f., 38–41, 46–53, 56–59, 64f., 68–71, 80–82, 84f., 88, 96f., 100, 104–110, 112–114, 120f., 128f., 132, 136f., 140f., 144, 150f., 154, 162, 164f., 172, 174–177, 186f., 190, 198, 202f., 206f., 214–217

Mees, Katja: S. 12f., 15–17, 19–23, 26f., 28, 30, 34–36, 42f., 54f., 60–63, 72, 74–79, 86f., 90–92, 94, 102, 116, 118, 122–124, 130, 134f., 138f., 142f., 148f., 152, 156–158, 160f., 166, 168, 170, 178–182, 188f., 192–197, 200, 204f., 208–212

Schnell, Fritz: Titel sowie S. 8f., 24f., 44f., 66f., 98f., 126f., 146f., 184f.

**VRS** **KVB** →

## Ein Tag, ein Ticket, viele Ziele!
*Gruppentour mit TagesTicket*

Shoppen, Speisen und dann ins Konzert?
Sport machen, Stammkneipe und abends
ins Theater? Per TagesTicket erreichen
bis zu Fünf **mehrere Ziele an einem Tag!**

mo - fr          9 Uhr morgens - 3 Uhr nächster Nacht
sa, so, feiertags   0 Uhr morgens - 3 Uhr nächster Nacht

v.kvb-koeln.de
3.504030 (9 C/min dt. F.netz)

**Menschen bewegen**